当代中国农民

经济利益问题研究

刘权政◎著

光明日报出版社

图书在版编目（CIP）数据

当代中国农民经济利益问题研究／刘权政著. —北
京：光明日报出版社，2019.3
ISBN 978-7-5194-5187-5

Ⅰ. ①当… Ⅱ. ①刘… Ⅲ. ①农民—经济利益—研究
—中国 Ⅳ. ①D422.7 ②F126.2

中国版本图书馆 CIP 数据核字（2019）第 050591 号

当代中国农民经济利益问题研究
DANGDAI ZHONGGUO NONGMIN JINGJI LIYI WENTI YANJIU

著　　者：刘权政	
责任编辑：鲍鹏飞	封面设计：意·装帧设计
责任校对：慧　眼	责任印制：曹　净

出版发行：光明日报出版社

地　　址：北京市西城区永安路 106 号，100050

电　　话：010-67022197（咨询），010-63131930（邮购）

传　　真：010-67078227，67078255

网　　址：http://book. gmw. cn

E-mail：baopf@ gmw. com

法律顾问：北京德恒律师事务所龚柳方律师

印　　刷：廊坊市海涛印刷有限公司

装　　订：廊坊市海涛印刷有限公司

本书如有破损、缺页、装订错误，请与本社联系调换，电话：010-67019571

开　　本：170mm×230mm

印　　张：9　　　　　　　　　　　字　　数：175 千字

版　　次：2019 年 7 月第 1 版　　印　　次：2019 年 7 月第 1 次印刷

书　　号：ISBN 978-7-5194-5187-5

定　　价：45.00 元

前　　言

　　"三农"问题是我国走向现代化过程中绕不过的一个难题，但它并不是一个"绝对性"难题，而是在我国经济社会发展过程中，农业效益相对于工业效益较低，农村发展相对于城市发展较慢，农民收入相对于市民收入较少的"相对性"难题。这个问题随着我国改革的进一步深化，城乡一体化的强力推进，"三农问题"将作为一个曾经存在过的历史问题消失在我国未来的社会进程中。"三农"问题的核心是农民的经济利益问题，关注农民经济利益、研究农民经济利益、实现农民经济利益，不仅是解决农民问题的前提，也是最终解决农业问题、农村问题的前提。农民经济利益不仅是农民自身的利益，而且关系到国家和社会的利益。农民经济利益能否实现、能否提高，事关小康社会的战略目标，党的执政地位，国家的稳定和长治久安。

　　中华人民共和国成立以来，农民经济利益的实现和提高经历了曲折的过程，但基本上是不断提高的态势。改革开放以前为缓慢增长阶段，以后为快速增长阶段。但随着工业化、现代化步伐的加快，市场经济体制的强力推进和农产品供求关系的变化，现阶段农民经济利益的实现遇到越来越多的挑战。农业相对于工业的边缘化，农村相对于城市的边缘化，农民相对于市民的边缘化，三个边缘化叠加导致农民阶层整体上经济利益被边缘化。农民阶层成为社会数量最为庞大的低收入群体，纯农户、农民工、失地农民则是最典型的代表。本书以当代中国农民经济利益作为研究对象，其实质是如何在社会主义市场经济大背景及经济新常态下实现农民的经济利益。本书认为：第一，增加农民收入是维护农民经济利益必先破解的难题。从经济运行角度分析，影响农民收入增长深层次的制约因素有三个：其一，农产品需求制约越来越明显，来自农业的收入减少。其二，由于工农业技术水平的差异，工农业劳动生产率差距拉大，更使农民增收的难度加大。其三，农村富余劳动力在非农产业就业的难度增大。第二，家庭承包经营制是确保农民经济利益的制度基石。家庭承包经营制度的实质就是通过给农民土地以维护农民的经济利益，为农民提供了最基本的生活保障，它是稳定农村社会与农民心理最低防线的基石。土地的家庭承包经营，具有土地所有权的分享性质。正因为这种土地承包权具有有限所有权的性质，所以必须长期保持稳定，不能随意变更。同时，稳定土地承包关系，允许农户在承包期内可以转让、出租、入股和继承土地经营权。第一，满足了农民对土地的特殊眷恋之情，实现了土地的社会福利和生活保障的职能；第二，又可以使农民通过土地流转在经济上得到补偿，使转移别业的农户能放心地让出土地，为建立土地流转机制打下了基础。第三，发展现代农业是维护农民经济利益的经济基础。农业劳动生产率和农民纯收入之间，存在着明显的对应关系，依据世界农业发展的规律及目前面临的新的国际国内农业形势，维护农民经济利益就必须把现代农业作为中国农业发展的目标。第四，推行惠农政策是实现农民经济利益的政策保证。健全农业补贴政策体系的最终目标是维护我国农民的经济利益，具体途径是通过农业补贴政策的推行增强我国农业的竞争力，辅之以对农业生产者实行适度的收入援助政策。第五，提高农民现代素质、推进农民顺利就业是保障农民经济利益的有效途径。改革开放以来，我国实现了世界近代以来大国发展史上从未有过的持续30年均增长速度接近10%的高速发展。经济总量由世界第10位跃升为世界第2位。所有这些成就都为农民经济利益的实现打下了坚实的基础，使我国从总体上具备了工业反哺农业、城市支持乡村的经济实力。早在党的十六届四中全会上，胡锦涛同志就提出了"两个趋向"的重要论断。从全局和战略的高度提出了新阶段解决"三农"问题的指导思想，为我国在新形势下形成工业反哺农业、城市支持农村的机制定下了基调。这样一来，制约农民经济利益实现的根本原因也在慢慢地发生变化，由落后的社会生产力逐步演变为，"二元结构"背景下农民现代素质缺失导致的就业不足。第六，统筹城乡发展，均衡城乡资源，实现城乡一体化发展是解决我国农民经济利益问题的最终途径。"市场经济"使资本聚集于城市，城市相对富裕，农村相对贫穷；"现代工业"使城市产业更加强大，从而使传统农业的农村更加弱小。由此可见，城乡发展的不均衡才是"三农"问题产生和凸显的根本原因，同时也是农民经济利益相对受损的关键因素，因此，科学均衡城乡资源，实现城乡一体化发展是解决农民年经济利益的最终途径。

综合分析现阶段我国农民的经济利益问题，从政治角度看，其实就是权利问题；从文化角度看，其实就是素质问题；从社会角度看，其实就是公正问题。相应的对策选择应该是，从注重技术层面的治理转换到着重制度层面的综合改革。为此，除了继续增强减负增收政策的执行力度外，更重要的是要在思想观念上为农民树立科学公正的利益观，从改变二元结构以改变农民的权利地位入手，从"小康不小康，关键看老乡"的治国理政新理念出发，深化改革，彻底废除歧视和限制农民选择范围的外部制度条件，以提高农民经济利益为最终目的。从根本上拆除二元体制及制度藩篱，为农民经济利益的实现和提高提供一个公平的制度环境、竞争环境和社会环境。

目　　录

第一章 导 言

1.1 研究的背景、目的和意义

1.1.1 研究背景

中国改革开放的最大成果是选择了市场经济体制，而目前面临的最大挑战是如何在市场经济体制条件下实现社会主义的发展目标，实现社会主义市场经济的价值选择和价值目的。市场经济体制的强力推进，一方面使国家的综合实力有了显著增强，另一方面使贫富两极分化的程度也渐趋严重。因此探索市场经济体制与社会主义共同富裕价值目标相结合的途径，势在必行。党中央及时提出全面建设小康社会和构建和谐社会，使这个目标的实现获得突破性进展。解决利益矛盾、缓解利益冲突是构建和谐社会的前提和基础，一个利益不协调的社会是无论如何也不能成为一个和谐的社会的。因此，我们一定要把最广大人民的根本利益作为制定政策，开展工作的出发点和落脚点，正确反映不同方面群众和群众不同方面的利益。让强者有施展才能的机会和舞台，并得到相应的回报；给弱者以基本的保障，维持其生存、发展和尊严。（刘权政 2005：41）"三农"问题根深蒂固、错综复杂，已经对我国全面建成小康社会和构建和谐社会形成"瓶颈"性制约。关于"三农"问题产生的原因到底是什么，学者们争论不已以至难以形成统一的认识。但学者们对"三农"问题的重要性及其核心问题的认识几乎完全一致，"三农"问题的核心是农民问题，即农民的经济利益问题。由此可见，解决"三农"问题的过程，就是如何更好更快地实现农民经济利益的过程。农民以农业为生，农民经济利益的实现自然离不开农业的发展。在以工业化和城市化为主要内容的现代化浪潮中，农民因所从事产业的缘故注定首先要成为经济利益受损的穷人。如何实现农民的经济利益？世界各国因不同的社会制度和具体的国情而有不同的方法和对策。西方内生型工业化的结果是大批破产农民成为城市工人阶级，留在农村的少数农民基本上在农业内部消化，并以合作社和规模农场等方式发展现代农业进而获得生存和发展，其经济利益得以实现。部分发达国家农民经济利益的实现程度甚至已经超过本国城市居民经济利益的实现程度。中国的工业化和城市化不同于西方的工业化和城市化，它是在外部力量的推动下启动和最终完成的，数量巨大的传统农民难以在农业内部消化，更难以完全依靠农业和农村的发展而获得自己的经济利益。

目前，我国已经从高度集中的计划经济体制成功转向充满活力的社会主义市场经济体制，这是我们在各个方面取得进步的重要原因。改革开放是中国发展的永恒动力，继续推进改革开放，就必须毫不动摇地坚持社会主义市场经济的改革方向。农业丰则基础强，农民富则国家盛，农村稳则社会安。因此，如何全面推进"三农"工作、破解"三农"难题，便迫在眉睫。从 2004 年到 2017 年连续 14 个"中央一号文件"的主题都是从不同的方面解决"三农"具体问题，其实质是如何在社会主义市场经济的大背景下实现农民的经济利益。实现农民经济利益的障碍主要有两个方面：一是人多地少的矛盾。人多地少一直是中国经济增长中的特殊国情。新中国成立后有两种趋势加重了这个问题，即农业人口的不断增加和土地的非农化。现阶段，耕地已经成为稀缺资源，加上资金有限、技术落后以及某些政策方面失误等原因，农业发展缓慢，维护、发展农民经济利益的困难便在情理之中。二是农民权利贫困化。权利在本质上属于人权的范畴，从经济方面来看，权利是一种可供处分的利益或者可以预期的收益。权利贫困化导致中国传统农民经济利益受损的同时，其生存和发展的空间也受到挤压，农民在农业和农村之外几乎找不到更好的发展机会。例如，由于户口的限制农民融进城市非常艰难、由于现代素质的缺失农民进厂工作也很困难等。实现农民经济利益，要坚持把发展现代农业、繁荣农村经济作为首要任务，加强农村基础设施建设，健全农村市场和农业服务体系；要加大支农惠农政策力度，严格保护耕地，增加农业投入，促进农业科技进步，增强农业综合生产能力，确保国家粮食安全的同时保障和提高农民的经济利益；要统筹城乡发展，推进社会主义新农村建设，以促进农民增收为核心，发展乡镇企业，壮大县域经济，多渠道转移农民就业；要提高扶贫开发水平，坚持农村基本经营制度，培育有文化、懂技术、会经营的新型农民，发挥亿万农民建设新农村的主体作用。

1.1.2 研究目的

十八大之前，党中央提出构建和谐社会的战略目标，以社会和谐促经济持续发展，以社会和谐促社会全面进步，以社会和谐应对国际各种问题挑战。从全国范围来看，构建和谐社会的重点和难点均在农村。农民经济利益的实现，农村社会各阶层的经济利益的协调是构建和谐社会的基础，也是社会能够整合与利益协调的关键。十八大，我党向全国人民庄严承诺：2020 年全面建成小康社会。但全面建成小康社会的难点依然在农村，全面建成小康社会的主体依然是农民，正如习近平总书记所说："小康不小康，关键看老乡。"本项研究依据马克思主义经济利益原则与马克思主义经济利益分析方法，对我国建立、发展和完善社会主义市场经济条件下农民经济利益的内容、结构、特点以及如何实现农民经济利益的途径进行了较为深入的分析和研究，为我国当前破解"三农"难题和进行社会主义新农村建设提供一定的理论和政策依据。

1.1.3 研究意义

纵观人类社会发展的历史，利益问题一直是人类社会中的焦点问题。人类的全部社会活动，莫不与利益和对利益的追求有关，人们的全部社会关系，都是建立在利益关系的基础之上的。马克思曾明确指出："人们奋斗所争取的一切，都同他们的利益有关。"由此可见，利益问题是一个涉及人的生存和发展的根本问题。个人和集体的思想、动机和行为都可以从其对自身经济利益的追求中找到合理的解释。正是从对利益问题的深刻透视中，马克思才告别了历史唯心主义走向了历史唯物主义，告别了机械唯物主义走向了实践唯物主义。"三农"问题，既是历史问题，又是现实问题；既是发展问题，又是改革问题；既涉及农民的经济利益，又涉及社会的健康发展。它始终是关系到中国改革和建设以及现代化发展的根本性问题。"三农"问题的本质是现代化进程中的工农关系问题、城乡关系问题、收入差距问题，核心则是如何正确对待和处理农民经济利益问题。中国农民占全国总人口的75%，是最为广大的社会群体，农民经济利益问题已经成为全党、全社会注视的焦点，故应进入研究工作者的视野。因此，从农民经济利益的角度来研究"三农"问题既有理论意义，又有现实意义。

（1）理论意义

本书结合中国目前现实深入地研究农民经济利益问题，对于丰富唯物史观的理论内容，推进唯物史观的当代发展具有十分重要的理论价值，也有助于坚持和发展邓小平彻底的唯物主义的利益观。同时，研究农民的经济利益问题、农民和其他社会阶层的经济利益协调问题，可以让我们在一个不同的视野下研究"三农"问题，拓宽经济学、管理学的研究范围，完善和深化农业学科的建设，有助于进一步深化对农村、农业现代化道路的认识。

（2）现实意义

中国既是一个人口大国，同时又是农业大国和农民大国。作为一个人口大国，中国农业的健康发展具有极其重要的意义；作为农业大国，中国现代农业发展的道路漫长而充满艰辛；作为农民大国，中国农民经济利益实现的步伐沉重而缓慢。中国要实现的近期经济增长目标和构建和谐社会的长远目标，都必须建立在农民经济利益逐步提高的基础上。没有大多数农民经济利益的提高与实现，全面建成小康社会的主体难以形成；没有农业的长足发展和综合生产能力的提高，全面建成小康社会的基础产业难以形成；没有整个农村社区环境的根本改善，全面建成小康社会难以在城乡协调的基础上建立。农民、农业和农村已经从过去一味为国民基本生存需要和国家工业化建设服务的阶段转向关注自身发展的阶段，农业和农村发展的重大意义不仅仅在于对国民经济增长的贡献，更重要的在于农民作为农业和农村发展的主体如何在这种发展中实现其经济利益。农民经济利益实现了，必定意味着农业和农村发生了根本改变；农民经济利益实现了，必定意味着农业和农村为国家经济增长的贡献增强。农民经济利益实现是农村现代化和中国现代化得以实现的基础。正如邓小平所说，"农民没有摆脱贫困，就是我国没有摆脱贫困。"

实现农民的经济利益，就是实现大多数人的经济利益，农民摆脱了贫困，就是大多数人摆脱了贫困。

1.2 选题依据

利益问题作为一个普遍而又复杂的社会现象，早已引起许多学科和学者的关注和研究。近代以前，不论是西方的思想家还是中国的思想家已经把利益问题作为自己研究和探讨的主要内容，但这些先哲对利益问题的研究主要集中于道德哲学领域。近代以来，随着"利益被提升为人的统治者"，利益问题又引起了经济学、政治学、法哲学以及心理学等不同学科的思想家的关注，他们纷纷在各自不同的研究视阈内对利益问题的不同层面进行了较为深入的研究和探讨，得出了一些很有价值的结论。因此，对农民经济利益问题进行跨学科系统性研究的理论基础已经形成。

马克思主义的利益观是本项研究的利益观依据。利益观是一定社会人们认识社会历史现象最基本的立场和观点。作为世界观，它可以决定人生理想、目的和价值取向。马克思之所以伟大，就在于他树立和实践了唯物主义的利益观，它不仅是马克思研究经济学、探索剩余价值理论的最早动机，也是马克思研究社会历史发展基本规律、创立历史唯物主义的发源地。无产阶级的利益观是马克思一生的精神支柱。随着马克思主义中国化的不断推进，中国特色社会主义利益观在也在不断发展，它的具体内容包括：实现中华民族伟大复兴是中国人民的最大利益；人民利益是党制定路线、方针、政策和一切行动的最后依据；必须正确处理国家、集体、个人利益及其关系；国家利益是处理国际关系的最高准则；以社会和谐求社会发展、以利益协调求利益实现、以利益和谐求利益发展。新世纪，随着中国社会主义市场经济的确立、运行和不断完善，中国的利益和利益关系出现了一些新的特点：（1）追求自身经济利益是市场主体经济行为的内在动力；（2）市场经济利益关系的变化把偶然性提升到十分突出的位置；（3）市场经济利益需要减少行政对经济的直接干预；（4）经济利益对社会主义的政治建设、文化建设和社会建设的影响开始扩大。多数学者认为，小农经济与市场经济的矛盾是"三农"问题的根本症结之一，"三农"问题所引发的社会危机其实是内在于现代市场经济发展的逻辑之中的，农民的破产、农业的凋敝、农村的衰落是市场经济在中国展开的必然结果，我们必须以中国特色社会主义利益观为指导来克服市场经济带来的负面的不良影响。

社会分层和社会流动理论是本书的社会学理论依据。社会分层是按照一定的标准将人们区分为高低不同的等级序列。尽管可以根据多种标准来区分社会阶层，但是对于我国目前的国情而言，物质财富始终是划分社会阶层的一个重要标准，因此，收入分配对社会分层有重要影响。社会分层理论认为要保持社会的稳定，中间阶层应占据社会的主体，收入分配差距过大形成的社会分层会导致社会的不稳定。而在社会分层结构的变动中，社会流动的增强，特别是向上流动趋势的形成，具有化解社会紧张和社会利益冲突的重要作用。一个社会如果具备公平竞争的社会环境，给国民创造较多向上流动的机会，极力减少分配差距，从而减少社会不同利益群体之间的矛盾，社会就会在利益协调中发展；反之，一个社会如果缺乏或者缺少向上流动的机会，处于社会分层底端的人就很少有通过合法手段改变自身生存状况的机会，往往就会采取非法的手段向上流动。利益矛盾和利益冲突就会出现，整个社会就会在利益冲突中动荡。因此，社会分层和社会流动理论可以用来分析中国农村社会中农民利益群体内部不同利益阶层的分化，以及由于分化而引起的利益冲突和利益协调。

无论是在革命年代，还是在建设时期，我国农民都做出了历史性的贡献。革命年代，广大农民踊跃参军闹革命，不惜牺牲自己的生命，为新中国的成立做出了巨大的贡献；现代化建设时期，为了构建新中国较为完整的工业体系，农民又牺牲了自己的经济利益，为我国经济社会的发展打下了坚实的经济基础。然而时至今日，我们仍然没有完全解决农民的经济利益问题。农民经济利益的实现和提高，涉及国家的长治久安和社会的稳定。回顾中国的历史，几乎每次社会变革都和农民阶级的经济利益密切相关，他们是推动社会经济进步的主力军。如何在社会主义市场经济的大背景下合理调配市场资源来实现农民的经济利益，进而正确处理农民集体经济利益和其他公民所有制的关系是本项研究的现实依据。

1.3　研究动态综述

1.3.1　国内研究动态

自 20 世纪 80 年代末期农民经济利益实现水平相对较低成为中国改革进程中的突出问题以来，理论界对中国改革进程中的农民经济利益问题进行了大量研究，相关研究文献可谓汗牛充栋。根据笔者所查阅到的文献，目前我国理论界对改革进程中的农民经济利益问题的研究大多集中在相关具体经济利益上。例如，农民的负担太重、农民的收入较少、农业需要保护以及如何保护、农村大量的剩余劳动力如何转移以解决人口压迫生产力现象等。不可否认的是，学者们对这些一个又一个具体的农民经济利益问题已经研究得很深入了，但是孤立、静止地研究这些具体的经济利益问题只能说明问题的一个方面，根本不能说明农民经济利益问题的全部。由于研究的偏颇，虽然理论界对一个个具体的农民经济利益问题研究得较为深入，但目前理论界对改革进程中农民经济利益问题的全局审视和总体研究显得极为薄弱，至今还没有出现一部全面系统地研究我国当前农民经济利益问题的专著。正因为如此，笔者以"当代中国农民经济利益问题研究"为题，试图在承继已有研究成果的基础上，宏观地研究和把握社会主义市场经济条件下的农民经济利益问题，对农民经济利益问题做出全面系统的分析，以填补理论界在这方面的空白。鉴于"当代中国农民经济利益问题研究"是一个既不能脱离历史又不能超越现实的课题，因此，笔者坚持以历史唯物主义和辩证唯物主义为理论基础，以中国特色社会主义利益观为指导，运用实证分析与规范分析相结合的方法来进行该课题的研究。

1.3.2　国外研究动态

发达国家维护农民经济利益问题的基本经验。

应该承认，美国是世界上最典型的市场经济国家，该国政府对市场自发调节的自由主义最为崇拜，但在本国农民经济利益问题上，美国政府却从来都不是撒手不管，而是制定一系列的政策措施来保障和维护农民的经济利益。在美国某些特定的历史时期，农户的年均收入已经赶上甚至超过美国平均家庭收入水平。从国外的研究资料来看，美国政府保障农民经济利益的基本经验主要有：1. 不断完善农民生活和农业生产条件，加强农业和农村基础设施建设；2. 为了提高农民的自我保护、自我服务能力，加强农民的市场话语权，美国政府制定措施扶持农业合作社的发展。(1) 农业合作社有实力与工商业资本抗衡，减少了农民经济利益的流失；(2) 农业合作社维护农民经济利益和推动生产顺利发展的同时，缓和了供求矛盾，加强了美国农业的计划性；(3) 农业合作社为农民经济利益的实现提供了较好的外部条件，也改变了美国农村的面貌。3. 为稳定增加农民收入，政府实行农产品价格和收入支持政策。4. 完善的农业信贷体系为农民提供多样化有效的信贷资助。5. 为了解决农产品过剩问题，实行农产品贸易保护政策。第二次世界大战后日本解决农民经济利益问题的基本经验：1. 加强农业基础设施建设不断改善农民的生产和生活条件；2. 制定、实施向农业倾斜的财政金融政策，为农民提供"制度贷款"和各种补助金；3. 实施农产品价格支持制度以此来维护农民来自农业的经济收入；4. 促进农业协同组织的发展，提高农民在市场竞争中的话语权；5. 为避免进口国外农产品对本国大宗农产品市场的冲击，对外贸易实行限制进口农产品的保护政策。

发展中国家解决农民经济利益问题的基本做法：

印度的经验：1. 逐年不断增加政府对"三农"的投入，切实加强农业基础设施建设，为解决农民经济利益提供基础条件；2. 不断完善农村社区的信贷服务体系，为农民提供及时便利的信贷服务，以此维护和提高农民的经济利益；3. 为保证农民收入合理稳定地增长，国家实施农产品的最低保护价格政策；4. 国家制定各种优惠政策和办法，鼓励和支持农民积极发展自己的合作组织，以抗衡其他社会组织和工商资本对农民的掠夺；5. 实施各种服务"三农"的扶贫项目，极力解决农村落后、农民贫困问题。其他发展中国家维护农民经济利益的做法基本上和印度相同。泰国维护农民经济利益的基本做法：1. 从农村基础设施建设入手，大力加强政府对农业的资金投入；2. 发展和规范面向农村的信贷体系及时解决农业发展对资金的需求；3. 提高农民的组织化程度，帮助农民解决小生产与大市场的矛盾；4. 稳定国内农产品价格，实行农产品收购保障价格制度，以维护农民的经济利益；5. 积极转移农村中富余劳动力，努力解决农民的隐性失业，从而增加农民的收入，维护农民的经济利益。

1.3.3 国内外研究动态评述

目前，在发达国家的国民经济结构中，农业产值在国民生产总值中只有很小的份额，从事农业的农民和其他非农产业的人数相比，农民的比重也很小，但国家中的农民组织并不因为这些原因而削弱自己的作用，农民组织在国家政治领域决定农业政策以及保护农民经济利益方面一直发挥着巨大的作用。比如，美国的农民协会、农民联盟、农场局三大农民组织，他们所代表的农民政治势力，对政府决策显示了强大的影响力。又如日本，自20世纪初就开始实行农业保护政策以维护农民的经济利益，在其后的一百年里，农业政策保护农民经济利益的性质几乎没有什么改变，例如，日本国内的重要农产品大米，其价格远远超出国际市场上大米的价格，有效地保护了农民的经济利益。其原因很简单，就在于日本的农民团体具有较强的利益表达能力，在政治市场上具有优势话语权。现在不足全国总人口的5%的日本农业人口，由于拥有自己的得力团体——农协，从而迫使政府决策去维护农民的经济利益，满足农民的经济诉求，对农业保护政策措施欲罢不能。同时，农民组织作为市场机制的一种竞争力量也有效地抗衡了工商业资本对农民经济利益的掠夺。因此，在发达国家中，尽管政府援助作为弱质产业的农业，意味着损失一定的效率，但必须如此，否则将会面临来自农民组织强大的政治压力，其结果是，这些国家普遍实行保护农民经济利益的农业支持政策，例如，对农产品给予价格支持，对凡涉及农民经济利益问题农产品的进口予以限制，出口给予补贴，等等。这些政策都是迫于农民组织的压力而对农业实行保护的，当然也可以理解为政府是应农民组织的邀请而为之。美国的情况最为典型，一直以来，美国对农业保护政策不断进行调节，使得农业政策体系非常的复杂，但它的主要任务并没有因此而变化，即不断地调整农产品计划和价格支持来保障农民的经济利益。

相比之下，我国在1949年以后很长一段时间内，实行的是向城市和工业偏斜的财政政策。例如，1980年财政支农总支出的比重为12%；1990年财政支农总支出的比重为10%；2000年中国财政支出1 298亿元用于农业，占全国财政总支出的比重大致维持在8%左右；2010年中国财政支农总支出的比重为26.9%。如果按照相同的口径进行计算，发达国家的农业支持水平为30%~50%，印度、巴西、巴基斯坦、泰国等发展中国家农业支持水平为10%~20%。在WTO规则允许的12种"绿箱"政策框架中，中国仅仅使用了6种（食物安全储备、政府的一般服务支出、自然灾害救助、国内食物援助、生态环境保护和地区发展援助）。中国的"黄箱"支出在 1996—1998 年计算基期内年均资金为 297 亿元，占农业总产值的 1.23%，与谈判允许的 8.5% 相比，"黄箱"政策的支持空间还有约 1443 亿元。1998 年以来，中国增发长期国债，实行积极的财政政策，大大加强了基础设施建设投资，但用于农业的份额却不高。以 1998—2001 年为例，中央安排国债资金 5100 亿元，用于加强农业基础设施建设资金仅为 56 亿元，仅占 1.1%，只能满足同期农业基础设施建设资金的 10% 左右。在社会发展方面，农村的落后表现得更为明显，主要源于城乡在获得资源方面的不平等。比如，在农村医疗保健方面，中国曾经有成功的合作医疗体系，然而当亚洲其他国家效仿和学习中国农村的合作医疗制度的时候，由于政策的失误，合作医疗却在中国的绝大部分农村瓦解了，其后果是婴儿死亡率的上升和传染病、地方病在一些地方又开始流行。

"三农"内部的政策调整和体制改革已经无法彻底解决"三农"问题，而必须在改革"三农"内部政策体系的同时，通过一系列宏观层面上政治、社会以及经济的综合改革和政策调节，实现城乡经济社会的协调发展与繁荣，改变"工业化国家＋农民社会"的现状。面对诸多挑战和制约因素，要持续促进农业增效、农民增收，迫切需要通过农业供给侧改革，提高农业供给体系的质量和效率，进而全面提高农业效益和竞争力。

一是从国家层面制定农业生产结构和区域布局规划纲要。准确把握消费市场的动态，面向整个国土资源，针对不同省份的资源禀赋，以控总量、提质量、去库存为重点，以保证种植业、畜牧业和渔业的供给平衡为主要内容，进一步明确各个省（区）农业生产的主导产业、产业规模和质量标准，明确市场有需求的农产品的增加规模，市场需求减弱农产品的调减幅度，使各个省（区）围绕国家提出的"大订单"发展现代农业，以此扭转农业生产结构和区域布局重叠、盲目生产、无序生产的现状。

二是坚持以土地的规模化经营来降低农业生产成本。要进一步规范农村土地流转，同时要引导农民以土地参股各类农业新型经营主体，进而促进土地适度规模经营，以土地的规模化经营解决"单家独户"生产模式带来的机械化生产率不高、社会化服务难以适从、标准化生产执行不到位、农业监管难度大、农业生产成本高等问题。

三是坚持把政府的政策引导作为现阶段提高农产品质量的"关键一招"。一方面，要加快标准化生产步伐。从国家层面加快制定农作物种植、家畜养殖技术标准，鼓励专业协会在标准化制定方面进行有益探索，并通过资金补贴、政策支持等措施，引导各类经营主体进行标准化生产，对于不按标准化生产的给予一定的限制甚至处罚措施，使农业标准化生产实现全覆盖。另一方面，要出台支持有机农业发展的相关政策。通过减免税、资金扶持等措施，对生产有机肥、无公害农药的企业给予补贴；对使用有机肥、无公害农药，发展有机农业的各类农业经营主体给予补助，进而提升农产品质量。待有机农产品普遍受到市场认可之后，供需相对平衡之后，逐步取消补助政策。

当前我国农业和农村经济发展存在着许多矛盾和问题，突出的是农民增收困难。这不仅仅是农业和农村经济结构性矛盾的现实反映，也是国民经济发展长期积累的深层次矛盾的集中体现。增加农民收入是解决"三农"问题的核心，既是重大的经济问题，也是重大的政治问题。我们要坚持把解决好"三农"问题作为重中之重，按照统筹城乡发展的要求，切实解决好。

一是要全面落实党在农村的各项政策。坚持完善农村土地制度，依法维护农民的土地承包权和生产经营自主权。继续落实党中央、国务院《关于促进农民增加收入若干政策的意见》和省委、省政府的实施意见，认真兑现减免农业税、对种粮农民实行直补和购买农机给予一定比例投入等政策，补助资金要足额及时到位，绝不能滞留或挪用。当前农业生产资料价格持续上升，群众反映强烈，经委、物价、工商等部门要尽快采取措施，调控平抑。

二是要大力推进农业产业化经营。充分发挥比较优势，科学利用水土光热资源，依靠科技，突出特色，积极推进建设农业优势产业带和优势特色产品基地，壮大支柱产业。

要高度重视粮食安全，坚持以省内基本自求平衡为目标，按照保护耕地、增加投入、调整结构、依靠科技、提高单产、增加总产的思路，安排好明年的粮食生产，确保面积不减少，单产、总产增加。发展农产品加工业是农业产业化的关键环节，也是农村走新型工业化道路的必然选择。

要大力培育经营实体和龙头加工企业，形成科研、生产、加工、销售一体化的产业链条，大力发展农民专业合作经济组织，推广龙头企业与生产基地和农户联结的模式，发展农牧产品深度加工，发挥规模效益。

要完善农产品市场体系和农业社会化服务体系，健全农产品质量标准体系和检测体系，提高农产品的市场竞争力。当前要针对大宗农产品运销困难的问题，积极组织引导运销大户和各类专业合作经济组织，多渠道开拓市场、寻找销路。

三是要全力以赴打好扶贫攻坚战。我省农村贫困人口量大面宽，扶贫攻坚的任务十分艰巨。要继续坚持开发式扶贫的方针，狠抓各项政策措施的落实，努力实现今年扶贫开发的目标任务，使贫困群众尽快脱贫致富。要加快调整贫困地区的经济结构，因地制宜发展特色支柱产业，积极稳妥地推进生态移民。总结推广整村、整乡推进的经验，强化责任制。完善扶贫投入机制，加强扶贫资金管理，切实提高扶贫资金使用效益。要坚持开展定点扶贫和对口帮扶，引导、动员社会各界参与扶贫工作。

四是要加大农村富余劳动力的转移力度。增加农民收入最根本的措施是减少农民，要把劳务输出作为调整农村经济结构、转移农村富余劳动力、增加农民收入的重大战略措施；要增强农民外出务工的组织化程度，根据市场需求有针对性地搞好农民外出务工应用技术和基本技能的培训，扩大输出规模，提高劳务输出效益。

五是要加强农业和农村基础设施建设。当前要集中抓好农田基本建设，坚持兴修梯田，推进小流域综合治理，加快实施"六小"工程和农民住房改造。继续实施天然林保护和"三北"四期工程，巩固退耕还林和荒山造林成果，推进退牧还草试点工程。要完善健全支农资金的稳定增长机制，提高投资效益。要围绕农村基础设施建设、发展优势产业和重点产品，抓好项目的论证、建设和储备工作。

1.4 研究内容、方法和技术路线

1.4.1 研究内容

笔者试图站在宏观、全局的战略高度对当代中国农民的经济利益问题进行系统、深入的分析与研究。在对农民经济利益进行科学分析的过程中，着重分析了影响农民经济利益实现的制约因素：农民的自我保护能力较弱；农业是高风险低收益的社会公共性极强的弱质产业；其他部门利益膨胀，农村社区基层组织管理"过度组织化"；国家对保护农民经济利益的监督体制管理乏力；农民自身现代素质的缺失等。明确了农民经济利益受损的原因之后，紧接着探讨了维护和实现农民经济利益的原则与思路。

在这些前提性研究的基础上，笔者结合中国目前农业、农村、农民的实际，有针对性地提出了维护和保障我国农民经济利益的方法与对策。这些方法对策主要包括五大部分：一、增加农民收入是维护农民经济利益必先破解的难题；二、稳定家庭承包经营制是确保农民经济利益的制度基石；三、发展现代农业是保障农民经济利益的经济基础；四、推行惠农政策是实现农民经济利益的政策保证；五、提高农民现代素质并推进其顺利就业是保障农民经济利益的最终途径。

1.4.2 研究方法

一是笔者以历史唯物主义和辩证唯物主义为方法论基础，对我国现阶段改革进程中的农民经济利益问题进行了全面深入的系统研究，揭示了农民经济利益的方方面面。通过对提高农村社会生产力水平的生产要素进行分析，揭示农民的经济利益实现程度和生产力发展水平相联系；通过对农村土地产权制度的剖析，明确进行社会生产是决定经济利益的最重要条件。二是比较分析方法。通过纵向的历史比较分析方法，我们能够充分地认识到农民经济利益是个古老的课题；通过农民增收的市场组织建设，我们能够比较全面地掌握中国农民合作经济组织的基本性质和主要特点，坚定我们的论点即农民合作经济组织是当代中国农民实现经济利益的主要载体。三是实证分析和规范分析相结合。回答经济运行中"是什么"的问题是实证分析的任务，解决经济运行"应该是什么"的问题是规范分析。本书对农民经济利益是什么和应该是什么以及如何维护和实现都做了较为详尽的分析。四是理论与实践相结合的方法。一方面，运用管理学和社会学的基本原理，分析农民经济利益问题，就农民经济利益受损的现状提出解决的思路与方法。另一方面，通过对现实中农民经济利益实现的状况分析，进一步检验理论的真理性，以校正和发展理论，实现理性认识的二次飞跃，在更高层次上达到理论与实践的结合。五是主要采取实证研究的方法。通过对实地调研数据的收集整理、统计分析，寻找规律，得出结论。运用社会调查的方法个别访谈、发放问卷，验证通过宏观理论数据分析得出的结论。

1.4.3 技术路线

首先阅读关于农民经济利益的国内外文献研究资料，了解本专题的研究动态，掌握一定的理论分析框架；然后进行数据的收集和整理工作，初步形成结论；再进行实地调查研究，验证结论；最后进行论文的撰写工作。具体技术路线图如下：

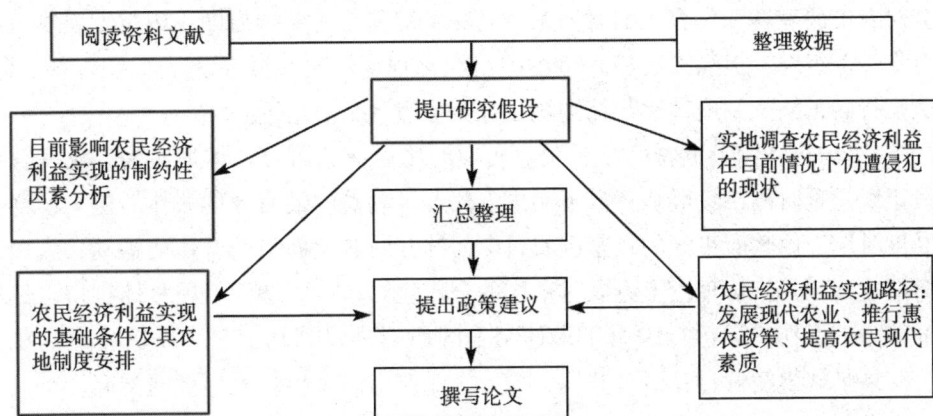

```
┌──────────────┐                              ┌──────────────┐
│  阅读资料文献  │──────────────────────────────│   整理数据    │
└──────────────┘                              └──────────────┘
         │              ┌──────────────┐              │
         │       ┌──────│  提出研究假设  │──────┐       │
         ▼       │      └──────────────┘      │       ▼
┌──────────────┐ │             │              │ ┌──────────────┐
│目前影响农民经济│◀┘             ▼              └▶│实地调查农民经济利益│
│利益实现的制约性│        ┌──────────────┐         │在目前情况下仍遭侵犯│
│因素分析     │        │   汇总整理    │         │的现状        │
└──────────────┘        └──────────────┘         └──────────────┘
         │                    │                        │
         │             ┌──────────────┐               │
┌──────────────┐─────▶│  提出政策建议  │◀──────┌──────────────┐
│农民经济利益实现│       └──────────────┘        │农民经济利益实现路径：│
│的基础条件及其农│              │               │发展现代农业、推行惠│
│地制度安排    │        ┌──────────────┐        │农政策、提高农民现代│
└──────────────┘        │   撰写论文    │        │素质         │
                        └──────────────┘        └──────────────┘
```

1.5 预期结果

1. 进行实地调查，完成微观数据和个案资料的收集工作。
2. 明确农民经济利益的现状及形成现状的深层次原因。
3. 提出目前农民经济利益实现的基本原则与宏观思路。
4. 研究实现农民经济利益的农地制度安排的改进方向。
5. 提出农民经济利益实现的具体路径及其经济政策建议。

1.6 论文的可能创新之处

1. 从宏观的视角对当代中国农民经济利益问题进行系统、深入的分析研究。农民经济利益的实现绝不仅仅是简单意义上的收入增加，还包括稳定农民收入预期的农地制度安排。农民的经济利益就是指能为农民所拥有的并能满足农民需要的物质资料和劳务。由于农业生产的特殊性，具备生产资料性质的土地对农民具有极为重要的意义。土地作为农民的一种基本保障福利绝非可以用收入加以衡量的。农民经济利益有着比农民收入更为丰富的内涵。通过深入研究分析，文章认为，中国21世纪全面建成小康社会的难点是如何全面保障和提高农民的经济利益。关注民生首先要关注农民的生存和发展，就业是民生之本，如果农民不能稳定地就业，民生、民富都无从谈起。和过去比，今天最大的特点就是确立了社会主义市场经济体制。在社会主义市场经济体制的框架内实现农民的经济利益的途径有：强化法律对农民土地产权的保护，增强农民在市场竞争中的话语权；完善国家对农业的支持，增强社会对农民的理解和包容，加大国家对农民经济利益的保护力度；积极发展农民新型合作经济组织，提高农民进入市场的组织化程度；建立城乡统一的劳动力市场，尝试推行同工同酬制度，逐步缩小城乡社会保障水平的差距。

2. 市场经济背景下农民经济利益实现的途径探索研究。本书认为，农民合作经济组织是现阶段市场经济背景下实现农民经济利益的最有效的载体。建立社会主义制度时期，由政府主导的在全国农村全面铺开的自上而下的合作化运动，人民公社时期达到顶峰。从理论上看农村地区的合作化运动可以增强农民集体抗击自然风险的能力，但在实际运行中由于集体至上的原则难以调动一个个农民生产的积极性，结果是规模经营存在诸多弊端，导致农业产出没有出现大幅度的提高。十一届三中全会前后，由农民自己主导的从下而上的家庭承包责任制虽然从根本上调动了农民生产的积极性，相应大幅度地提高了农业产出，但规模过小的限制使农业经济效益进一步发展的空间受到影响。孤立的分散经营的农户在市场经济条件下处于极其不利的地位，为了增强自身驾驭市场的能力就需要通过横向联合的力量。农民合作经济组织不仅是农民横向的联系，更是一种农民的自愿联合，这种联系比从上而下或从下而上的方式更为有效。合作经济组织比单个的农民更具备抗击市场风险的能力，这就是它最大的优越性。我们认为合作经济组织能增强农民自身获取经济利益的能力，主要是针对非组织性的分散农民而言，而并非在不同的组织之间做出选择。

3. 农村社区不同利益群体间利益协调途径的研究。万广华教授通过对泰尔指数分解后发现：对于中国来说，70%~80%的不均等可以用城乡差异来解释，只有20%~30%的不均等是由城市、农村各自内部的地区间不均等引起的。绝不能因为城乡差异是导致我国整体不均等状况的主要因素而忽视农村社区不同利益主体间的经济利益的矛盾与冲突。所以，本书的相关章节中也大量渗透了如何协调农村社区间不同经济利益诉求的群体间和个体间的利益矛盾与利益冲突，在对农村社区不同经济利益主体间的利益矛盾进行了较为深入的研究后，进一步提出了农村社区利益协调的途径。

第二章 农民经济利益的理论分析

2.1 农民的传统观念与思想

人要生存就需要同外界不断地进行物质、能量和信息的交换。利益是人的社会化需要的表现形式,人们获取利益的形式是与他们所处的社会环境、生产条件、知识背景和性格特征相联系的。本章从研究农民的性格特征入手,在此基础上深入分析千百年来农民形成的传统心理与观念,以及在这种心理和观念影响乃至支配下中国传统农民的行为逻辑。中国传统农民具有他们自身的区别于其他人类群体的生产方式、价值观念、文化特质,这些特征联系在一起共同作用形成他们自身独有的观念、特性、心理和行为逻辑。

2.1.1 农民的性格特征

农民的性格特征,就是指农民在长期的农业生产活动过程中而形成的相对稳定的有别于其他社会群体的独特的心理特征、文化特质、价值观念、行为特征。之所以说是独特的,就是指和其他社会群体比,其是农民自身所独有的;之所以说是相对稳定的,就是指农民的性格特征不是永恒不变的,而是随着生产环境、生产条件的变化和历史变迁会相应地发生缓慢的变化和变迁。在对农民的性格特征进行研究之前,我们先要对人的本质特征(本性)进行探索,社会学、经济学、管理学、人类学等学科一直把对人的本性或者特性的研究作为起点。学者们只有完成了对于人本性的研究之后,或者说给自己的研究构建了一个前提性的理论之后,才能做进一步更深入的理论研究。例如,古典经济学的代表人物亚当·斯密在深入研究人本性的基础上,提出了著名的"经济人"的观点,指出人是理性的自利主义者,所有人的行为都是以追求自己利益的最大化作为行为的原则,也就在人们追求个人利益的同时促进了社会整体利益的发展。以此理论为依据,亚当·斯密创立了以市场机制调节经济活动的自由放任的古典经济学,并把人们的行为引向增加国民财富和社会福利上来,对经济学理论的发展起到了巨大的促进作用。农民首先是人。马克思主义认为,人作为一种特殊的存在者具有"生存实践"的本性。"人的突出特征,人与众不同的标志,既不是他的形而上学本性,也不是他的物理本性,而是人的劳作。"这种"生存实践"的实质是通过实践追求自己生存、发展的利益,实践无限,利益无限。实践的发展给人的利益带来新的拓展,让人产生新的欲望。人始终处于发展和创生之中,永远不会有终结之日,人的本质是开放的、未完成的,而非既定的。所以,人是永不满足、不知疲倦的动物,具有无限多的欲望,低层次的欲望被满足了又会引起更高层次的欲望。欲望,满足,新欲望,新的满足……循环往复以至无穷,人的欲望总是具有依次递升的特点。正如史学家司马迁所说:"富者,人之情性,所不学而俱欲者也。""天下熙熙皆为利来,天下攘攘皆为利往。"故应该使"人各任其能,竭其力,以得所欲"(司马迁,《史记·货殖列传》)。司马迁的这些观点充分揭示了人的欲望和追求自己经济利益的本性。所以,作为"人"的农民亦不例外。农民的心理、农民的观念和农民的行为规范,以及在生产、生活、社会交往中所表现出能反映农民性格特征的本质规律,都首先说明和展示了农民作为"人具有延续生命的本能,具有通过基本的生产活动、复杂的经济活动获取物质资料的动机,也有追逐自身经济利益的行为,以达到自身需要的满足"。为了更好、更快地实现自己的经济利益,农民同样具有社会参与、文化参与、政治参与的动机和行为,只不过这些动机和行为具有自己的特性罢了。

现阶段,中国的经济、社会正处于转型期,几乎所有的事物都打上了"转型"的烙印。农村社会正由农业社会向工业社会即传统农业正在向现代农业转变,传统社会正在向现代社会转型,传统农民正在向现代农民转变。中国农民的性格特征也不例外,他们也处于"传统"与"现代"的转型和过渡之中,使得中国农民的性格特征既具有"传统"的一面,也具有"现代"的一面,加之其他的社会原因,许多农民自身也陷入了种种困惑,使得研究当代农民性格特征的学者们也是见解纷争,难以达成共识。正如李秋洪学者所指出的那样:"当我们从历史进化、社会适应和现代化等角度来综合分析农民文化心理时,就可以发现它具有明显的二重性。这种二重性既表现为同一文化心理因素在不同历史条件下起不同的作用,也表现为两种截然相反的文化心理因素的对立,并且制约着农民的社会行为。"虽然农民的性格特征一时难以确定,但和社会其他的群体相比,农民还是具有自己的显著特征,即完全的现代农民,也不能完全脱离传统农民的性格特征对他的影响。中国农民自古以来就以勤劳、务实、质朴、讲求实用的传统特征闻名于世。农业生产离不开土地这个基本的生产资料，更离不开农民的精耕细作。古代中国的典籍中就有大量记载，"谷非地不生，地非民不动，民非作力毋以致财。天下之所生，生于用力。"《汉书·食货志上》中大量记载着战国时李悝的尽地力之法："治田勤谨，则亩益三升；不勤，则损亦如之。""若昧于田畴，则多匮乏。"农民在土地上劳作时，只要"不违农时，谷不可胜食也"。农业生产的这些特点使农民长期以来养成了勤劳、务实、质朴的性格。《吕氏春秋·上农》也指出："民农非徒为地利也。贵其志也，民农则朴，朴则易用。"这说明中国农民特有的性格特征是在长期农业生产的过程中形成并固化了的，而且与农业生产特点直接相关。

近年来，市场化、现代化、城市化不断向纵深推进，大大加速了农民性格特征的转变。但由于发达的农业文明、悠久的农业文化使我国农民的性格特征具有深沉的历史感，甚至镌刻着强烈的历史印记，因此，农民的传统性格特征不是一下子就能改变的。这些性格特征主要有：依附个性，即政治上不独立也从不要求独立，总是把自己的幸福和希望寄托在大清官和好皇帝身上；尊重权威，惧怕权威，听从权威；求稳不求福，知足便长乐，安于清贫；听天由命，自己的一切皆由命运安排；忠孝思想，对父亲孝顺，对皇帝忠。近年来，由于社会主义市场经济的强力推进和全面渗透，在经济活动中，农民自给自足的特征开始变化以求其经济利益最大化。通常情况下，每一个农民家庭总是想通过自己的生产劳动来满足自家的基本生活和生产消费，尽力实现自给，实在没有办法的情况下，才通过在市场中以交换的方法求得。这种生活模式，既是中国封建社会农业经济的特点，更是封建社会背景下家庭经营管理的一项具体目标。因为所有从市场中获取的商品，都意味着家庭消费的增加，这一点可以从农民多种经营、多业兼营以及农民勤俭持家的现象和观念中感觉到。现阶段由于市场经济体制的强力推进，农民单个家庭的经营也开始由自给模式转向盈利模式。农民在土地上的精耕细作、消费上的精打细算、家庭中的多业兼营，均已表明农民已经开始追求经济利益最大化。

2.1.2　农民的心理特征

（1）求稳怕变的保守心理

保守心理和斗争精神本是两种截然不同的精神操守与行为动机，但这两种行为动机却深深地镶嵌在中国农民的性格特性里。小农经济是中国农民保守心理的根源所在，小农经济的实质是以手工劳动为基础的简单再生产，基本上在年复一年重复着相同的劳动。同样的土地，相同的操作规则，农业生产过程是早已程式化的，只要耕作不违农时，精心地照料农作物，秋季就能有所收获。这就"很自然地形成一种稳定的、趋同的思维方式和时间循环论观点，把现在看成是过去的重复，未来则是对现在的重复"。这样一种循环往复以至无穷的耕作方式和作息方式慢慢使农民形成了保守的心理。农民保守心理的主要表现是求稳定怕战乱、求稳定怕变化，其从内心深处是不敢冒任何风险的，就是在这样的情况下，由于生产力条件的限制，自然风险和社会风险常常导致农业减产或者绝收。这样就使农民更加强化了这种保守心理：安于现状，思想保守。但是需要明确的是，中国农民的这种保守心理是有自己的底线的，无论是自然界还是统治者打破了这份"保守心理"底线的时候就会激发中国农民性格中争取保守的斗争精神。他们为了守住自己的底线，敢于与天斗——改良农作物品种，敢于与地斗——更新耕作技术，甚至敢于与人斗——不满统治阶级的暴政而发动起义。在封建社会，中国农民以其勇敢、勤劳和智慧创造了发达的农耕文明，并使中国农业发展的水平长期领先于世界上其他的国家。铁制农具的发明及其推广应用、精耕细作生产方式的形成、动植物品种的改良、选育和生产技术的不断创新……所有这些都体现了农民的斗争精神。不管社会环境多么恶劣、自然灾难多么频繁，农民总是以超人的智慧和惊人的毅力想尽一切办法应对自然界带给他们的灾害，直至揭竿起义与统治者进行激烈的斗争。中国历史上连续不断的农民起义也说明了农民对"耕者有其田"理想的追求，当然，农民获取田地的最大目的还是为了永远守住自己的"保守"，不想再越雷池一步。

（2）安土重迁的陈旧观念

中国农民对于家庭的认同感从古至今是最为强烈的。家既是一个生活消费单位，同时也是一个生产单位。在广大农村，家族、家庭因血缘关系而具有很强的号召力和凝聚力。土地是农村家庭内成员共有的财富，不管贡献大小，不分你我彼此，共同劳动，共享劳动成果。几乎每个农家子弟在重视个人对家庭责任的同时，都忽略了自身的需要和发展。在广大农村，至今还有个别农家子弟为了家庭的责任而牺牲自己的幸福和前程。例如，当一个家庭处于贫困状态时，为了弟弟的学业，作为姐姐的女孩会自动放弃学业提前回家务农；为了哥哥能娶媳妇生儿育女，好给自己的家族传宗接代，妹妹宁愿嫁给大自己十几岁的与自己毫无感情基础的陌生男人（个别西部贫困农村仍然有换亲的现象）。在共有的土地上进行共同劳动的过程中，家庭成员之间紧密联系，家庭利益第一，家庭利益就是个人利益。以家为本的观念还体现在家和万事兴、讲究家风门风、光宗耀祖等等。此外，在自然界面前，农业抵御自然灾难的能力十分有限，加之还要应对外人、邻里之间的各种纠纷，这使得农民不得不依附于宗族和家庭，更加强化了农民以家为本的观念。

一个家庭的生存和发展是需要有物质资料支撑的，而所有物质资料的来源对于农民来讲莫过于进行农业生产。土地是农民生活的前提，更是农民生产的重要物质资料，有了土地，就有了希望，土地越多，希望越大，土地可以满足农民吃饭穿衣、生儿育女的需要。"三十亩地一头牛，老婆娃娃热炕头"正是对这种思想的鲜明写照。不管自然条件如何恶劣，社会条件如何变化，只要脚下的这块土地还能养活自己的家人，几乎所有的农民是不会离开这块生他养他的土地的，这种观念甚至演化为一种深沉的乡土情结，具体表现为：即使这块土地难以维持自己家庭的生存，也很难让农民离开生他养他的土地。费孝通先生从剖析乡土社会出发来研究中国的传统农民时，甚至认为农民的首要特性是"乡土性"。广大农民形容他们悲惨的命运时，也常常用"背井离乡"来进行表达。由此可见，安土重迁真正是传统社会农民所具有的独特的文化特质和价值观念。从另外一个角度来看，"安土重迁"的观念还有深层次的经济原因：由于农民对收益预期的不确定性，加之脆弱的小农经济和农业的弱质产业特性，决定了农民不愿离开土地去冒风险的生存理性心态。长期以来，土地崇拜、土地眷恋等精神文化现象就逐渐形成了。农民在当前仍然表现得比较突出的另一个显著特点就是不敢冒风险。但这并不是全部因为农民安于现状，而是农民面对诸多不确定性因素时的一种理性选择，关键还是因为农民家庭的经济实力不强、家底不厚，承受风险的能力较弱，因而不得不慎之又慎地做出任何选择。

2.1.3 农民的行为特征

依据社会学理论，行为是指主体为了满足自身生存和发展的需要、达到某种既定的任务而采取全部行动的过程。人的行为是一种复杂的、易变的、多元化的社会现象，受到行为主体自身的各种条件如年龄、知识背景、实践能力、职业性质以及所处的周围环境、经济发展的特点等多种因素的制约和影响。人的行为源于人的动机，人的动机源于人的需要，即需要产生动机，动机产生行为。根据此理论可以推知，农民的需要、动机和行为受到自身的知识条件、周围环境、政治制度、经济政策等多方面的影响，因此，传统农民的行为逻辑在很大程度上受到农民知识文化特质及其行为特征的制约。虽然，农民的个体行为因年龄阶段、实践能力、阅历等存在着很大的差异性，但农民作为一个大的社会群体还是具有本群体共性的行为逻辑。农民行为可分为农民的经济行为、政治行为以及社会行为等。虽然各种行为的直接目标不一定一样，但都是为了满足自身的生存和发展需要，都要采取一定的行动。由此可见，农民的行为实际上包含了三个最基本的要素——目标、过程和后果，从而构成了农民行为的内在逻辑关系。

随着社会主义市场经济的逐步完善，市场化也会深入发展，市场经济条件下行为主体的基本准则是"利润最大化"。但对于处在不完全市场条件下的农村环境的农民来说，"利润最大化"并不是他们的完全追求，这样就导致了农民性格中的理性与非理性之冲突。在现实生活之中，他们虽不追求利润最大化，但其行为是比较理性的，他们有自己的行为理性逻辑指导。由于农业生产的周期较长、对自然条件依赖程度很高等特点，农业生产的风险较高。同时由于农村社会中农民的保障体系不健全，在农业保险市场不发达的情况下，社会风险和自然风险只能完全由农民自己来承担，每有天灾人祸发生，农民就会失去最基本的生存资料。正因为这样，农民在进行生产经营决策时绝对不敢冒险，而且会为自己预留后路。不完全的农村市场环境决定了农民的行为不能是"利润最大化"行为，只能是一种"条件最大化"行为。正如斯科特所说，"由于生活在接近生存线的边缘，受制于气候的变化莫测和别人的盘剥，农民家庭对于传统的新古典主义经济学的收益最大化，几乎没有进行计算的机会。典型的情况是，农民耕种者力图避免的是可能毁灭自己的歉收，并不想通过冒险而获得大成功、发横财。用决策的语言说，他的行为是不冒风险的，他要尽量缩小最大损失的主观概率。"这就意味着农民有着多样性的行为目标，首先不想失去最基本的生存资料，其次，要求自己的行为能达到"利润最大化"，这样就产生了农民可变性的行为过程，完全具备理性的农民行为后果不一定是经济最优但确实是理性选择的结果。所以说，农民的日常行为逻辑，总是以效用最大化作为自己的目标，而不是以利润最大化作为自己的目标。由于无法克服风险的存在，农民在确定自身行为目标时，必以规避风险为基本原则，以满足家庭成员最低生存需要为基本前提，进而追求较高的经济效益，这就是农民的行为逻辑。（1）生存和安全的目标是第一位的，第二位的目标是利润最大化。在市场风险和自然风险的双重制约下，农民始终是以安全理性和生存理性为前提基础，这就是农民对于经济利益的理性判断。生存和安全是农民的最大利益，如果农民的生存和安全受到威胁或得不到最基本的保障时，舒适的程度、收入的多少、幸福快乐的指数等等就变为其次的了。（2）家庭消费自给目标的优先性。农民生产首先是为了自己家庭的生存消费，其次才是为了市场交换的需要。由于不完全市场的存在，使得农户的农产品和要素投入都不是完全面向市场的，结果导致农民生产决策和消费决策具有明显的不可分性的特征。就是指农民在生产决策时必须把家庭消费需要作为重点来思考，即

"农民生产和消费都是半自给"性质的。因此，农民在进行农业生产时，先要考虑保证家庭成员最低消费需要，在保证其家庭成员基本生存消费需要的基础上，才开始进行面向市场的生产。这从我国现阶段土地制度的变迁中就可以完全得到证明。身处农村社区的农民根本享受不到社会保障的阳光，却又在城市中遭遇城里人的排斥和歧视，因此，农民为了在自然风险和社会风险中求得生存与发展，即使在土地增收但由于难以捉摸市场而使自己收入日益减少的情况下，也不愿放弃自己家庭经营的土地，因为这块土地才是他们安身立命的地方。在这种理念支配下，农民最近几年虽然去外地打工，却不愿意放弃家里承包地的经营权。

2.2 社会转型时期农民观念的变迁

20 世纪 70 年代末中国开始在农村进行经济体制改革，这次改革虽然没有从根本上动摇二元社会结构，但是对维护二元结构体制的种种具体制度形成了很大的冲击。同时，它也使近九亿中国农民的思想观念发生了深刻的变化，这个群体观念的变化将对中国今后全面推进现代化、城市化、市场化的过程产生重大的影响。

2.2.1 经济理性明显增强

实行家庭联产承包责任制后，虽然耕地的所有权是集体的，但农民拥有长期的经营权，生产什么、经营什么、怎么生产、如何经营完全由农民自己做主。从某种意义上来讲，农民已经成了土地的主人。不仅如此，农民还可以自主支配自身和其他家庭劳动力去从事各种生产经营活动，出门办事不再需要向队长请假。农民还可以从事农业和农业以外的各种行业，可以去乡镇企业做工人，可以做小买卖，等等。在分配上，农民也有自己的支配权，只要交够国家和集体的征购与承包额，留下的都是自己的，对自己占有的财富有充分的处置权。总之，农民可以自主生产、自主交换、自主分配和自主消费了。随着农民充分拥有生产过程自主性后，农民的经济理性开始明显增强。初步具备了现代社会人经济行为的最重要特征——"理性经济行为"。依据管理学理论的观点，理性是指一个决策者在面对几个可供他选择的实施方案时，会选择一个能让他的效用达到最大满足的方案。当然，在这些可供选择的方案中间，由于决策主体所面临的具体外部条件的局限，例如技术、制度和资源的差异而有所不同，由此也限制了决策主体所能选择的空间。习惯上人们常常把农民与保守、传统、非理性联系在一起，但事实上在市场经济体制强力推进的背景下，农民已经开始用简单的经济目光，根据市场的变化来调整或者寻找最适合自己家庭成员从事的职业或者产业，进行产业结构的调整，以期收益最大化。就是种田，农民也开始学会计算成本，注意投入产出，注意市场动向，比较种什么作物赚钱多、经济效益好。这些事例充分说明农民的经济理性已明显增强，在日常生活中虽然我们看到部分农民的行为从表面上看似乎是不符合理性的经济行为，但当我们真正了解了这些农民所受的各种约束限制和所处的具体外部环境后，就会发现他们的这种行为恰恰是他们理性的具体体现。

2.2.2 价值观念正在转变

改革开放四十年来，国家综合国力日益强盛。改革开放的历史进程唤醒了农民的发展意识，增强了农民的竞争意识。脱离贫穷，追求富裕，已经成为当代农民的目标和心愿。为了收获更多的产出，他们学习新知识；为了获取更大的效益，他们选择新的适合市场的品种。政治上也出现了新的要求，尤其是那些进入城市的农民工，为了使自己的身份由"客人"变成"主人"，在某些地方他们已经开始表示自己的抗争和不满了。留在农村的农民开始尝试"公司 + 农户"等新的生产经营模式。"80 后""90 后"青年农民的主体意识和个体发展意识明显增强，离开乡土创业成为他们的重要选择。今天的农民不再对政治冷漠，他们关心国家大事，更关注中央的涉农政策。广大农民开始通过电话、电视甚至互联网等现代信息渠道，广泛捕捉市场需求和技术信息，以对农业生产经营活动进行科学决策。劳作之余，农民也开始积极参与文化艺术、民间体育等多样化的文化体育活动，崇尚健康文明的生活方式。这一切都表明，昔日面朝黄土背朝天的"庄稼汉"的角色逐步转变，新时代农民的精神风貌、思想观念和行为特征愈来愈朝着具有现代人格的方向迈进。可以说，现代新型农民甚至职业农民的雏形正在不断孕育和形成。随着社会主义市场经济的不断完善和全面渗透，市场观念愈来愈进入农民的大脑，广大农民也深刻地认识到优胜劣汰是市场经济的基本法则之一，而农民由于自身现代素质的不足，往往使自己陷入自然法则中被淘汰的一方。知识水平较低、创业能力不够、危机意识不强等原因使农民越来越被边缘化甚至贫困化，而自身的贫困，反过来使农民更加缺乏提高自身的能力，从而陷入经济学家们常说的"贫困的恶性循环"。随着社会主义市场经济体制的逐步完善和市场观念的不断深入，广大农民慢慢意识到，在市场经济体制下，贫困其实只是一种生活中的假象，贫困并不是市场经济的产物。农民现代素质的缺失及不公平的环境才是产生贫困的关键所在。于是农民为了获取自己的经济利益开始在四个方面转变自己传统观念：一是确立市场意识与商品意识；二是信息意识，包括捕捉、处理和分析信息的能力；三是教育科技意识，使自己掌握现代农业科技，以提高自身的技术能力；四是政治参与和权利意识明显增强。当然，在市场经济体制对农民素质提出了新要求的同时，也为农民获取知识和技能创造了新的历史机遇。农户在实行家庭联产承包责任制以来已经成为生产经营的主体，影响农民生活水平和经济收入的重要因素不再是别的而是农民自身的素质。于是，农民开始重视自身及子女的教育，参加各种技能培训。经过一系列的教育和培训，农民的生产方式、生活方式和价值观念逐步开始改变。但是，我们必须明确，这个转变过程是非常漫长的，农民那种小富即安和安于现状的传统心态、惧怕风险和故步自封的传统心理还不可能一挥即去，有些消极的、落后的东西如迷信活动在特定阶段甚至会死灰复燃。在与外人发生矛盾冲突时，总是习惯于通过熟人去协调或家族势力来解决，如果不能达到协调的目的，就开始通过上访企望由"清官"来解决，而很少利用正常的诉讼途径，这说明宗族观念和清官情节在农民的观念中还比较深厚。因此，在农民观念变化的过程中，刚刚过上温饱生活正在向小康生活迈进的农民，现代人格的某些因素已经在农民的观念中形成，但农民还是没有彻底摆脱传统思想与观念的束缚，这一过程具有明显的过渡性，即具有传统文化和现代文化要素交错嵌合的特点。

2.2.3　制约传统观念变迁的因素

农民经济理性的明显增强和价值观念由传统向现代的转变并没有彻底、完全地改变农民的传统特性。从某种意义上说，现阶段的中国农民走向现代化只是农民自己的一厢情愿而已，农民走向现代化的道路上还有许多阻碍的因素。其中，最根本的阻碍还是来源于中国根深蒂固的二元结构体制。1949年以后，二元结构开始从经济领域延伸到政治、社会、文化等领域。时至今日，二元经济依然存在，二元社会结构也没有发生根本的转变。并且我国的二元社会结构是以一系列的具体制度为保障，制度化了的。在这些制度下，中国几亿农民曾受到或者正在受到不公正的待遇或者称为政策性歧视，在这些不公正的待遇中，最关键的是农民被剥夺了变换身份的自由。曾有人通过细致的研究发现，维系二元社会结构的具体制度有户籍制度、就业制度、医疗保险制度、养老保险制度、教育制度等多达十四项。农民随着改革开放的深入的不断觉醒和进步，农民意识开始从"身份取向"向"权利取向"转变，权利意识和身份平等意识普遍增强。由于历史和制度的原因，农民的利益表达渠道并不是那么的顺畅。政府权力由于市场经济的迅速推进正在退出越来越多的领域，社会本身的自主运行程度也在不断提高。但长期以来实行的是城乡分治的户籍制度，人为地限制农村居民向其他社会阶层流动，限制农村居民向城市迁徙。这种不合时宜的政策制约了经济的健康发展，影响了社会阶层结构的合理演变，现在许多农民虽已进城务工，但农民身份没有变，并未被城市认同并接纳为城市居民，于是就形成了一个庞大的农民工群体。这种以户籍为分界缺乏公平的社会管理制度，导致中国出现了一个庞大的被现代城市所排斥的，但又脱离农村社区组织的"游民群体"。这些户籍仍然在农村却又离开农村进入城市就业的农民，他们的权利和义务都与户籍所在的农村发生联系，而没有与生活、工作所在的城市相联系。城镇没有给予他们合法的社会身份和城镇居民的权益，因此，从某种意义上说，城市还没有完全接纳他们，他们也还没有实现彻底性的离乡。中国农民目前正处于分化不充分、不彻底的状态，如果对这种复杂的过渡性的社会现象不及时加以整合，就会对农村社会的和谐发展和农民的现代化造成消极的影响。由于二元社会结构的原因，大量的农民工长期处在城市的边缘，不被城市接受乃至受到歧视或伤害，根本无法融进主流城市社会，他们应有的权益得不到有效的保障，他们的愿望和要求难以通过顺畅的渠道表达。所以，观念已经发生很大变化的农民对城市普遍怀有一种责任匮乏的心态、一种疏离感。这些问题如果处理不好，就有可能对城市的稳定及发展造成巨大的威胁。

2.3 农民经济利益的科学内涵

2.3.1 农民经济利益的界定

要明确农民经济利益的内容，先要回答在今天社会经济发展的背景下，哪些人是农民。其实，农民是一个很古老的概念。早在鲁成公元年（公元前 590 年），我国史籍上就有了"农民"这一概念。在《穀梁传·成公元年》中就有记载："古者，有四民，有士民，有商民，有农民，有工民。"这可谓中国乃至世界上最早的以职业为标准的社会分层。然而，究竟何谓农民？这个看似不成问题的问题，实际上却很难准确地回答。尤其在今天随着中国社会经济向纵深发展，现代社会经济结构日益复杂化，农民的社会角色日益多样化，农民变换职业的范围日益扩大化，农民的流动速度日益超常化，从而使得人们难以识别农民身份。有关农民定义的讨论从 20 世纪 70 年代以来一直在进行着，似乎至今尚未达成共识。从本源意义上讲，农民应该是个职业概念。《国际社会学百科全书》中农民的概念是:"农业土地上生活资料的耕种者。"在《辞海》中,"农民"条目的释义是:"直接从事农业生产的劳动者。"显然,这样界定的农民概念也是职业概念。这些概念都是按照物质资料生产者所从事的劳动对象的差别来定义农民概念的。然而在我国,自从1958年1月全国人大常委会通过《中华人民共和国户口登记条例》开始,我国农民主要不再表现为一种职业概念,而主要是作为一种身份概念,无论是在日常生活的语境中还是在理论研究中,人们谈到"农民"时想到的并不仅仅是一种职业,而且也是一种社会身份或准身份。基于这样的事实,本书中所指的我国农民概念,首先是指直接从事农业生产的人,也包括那些不从事农业生产但仍具有农业户口的人,即我国农民是指所有没有获得"城市户口"的具有农民身份的人,其核心和主体是直接从事农业生产的劳动者。近年来,随着农业劳动力向非农产业迅速转移,农民的职业构成发生了结构性的变化,农民已经分化成了不同的阶层,已不再是单纯的农业生产者,这是大家公认的事实。至于究竟分化成了多少阶层,却是仁者见仁,智者见智。有"十阶层说""八阶层说""七阶层说""六阶层说"。农民阶层的不同划分,实际上反映了人们运用社会分层标准的差异。

陆学艺的"八阶层说"的划分法比较科学,既考虑了人们的职业,又考虑了经济关系,能够比较深刻清晰、多维度地反映农民的阶层分化,故本书主要采纳了"八阶层说"的观点。农民作为一个阶级整体,作为集体经济组织的农村劳动力主要包括以下几个阶层:1. 劳动者阶层。包括:农业劳动者,他们的身份和职业均为农民;二、三产业的劳动者,户籍在农村,家中还有承包田,他们常年或者大部分时间受雇于国有、集体、民营企业等企事业单位从事第二、第三产业劳动,但在本质上不同于资本主义制度下的雇佣工人,因为他们在农村拥有足以谋生的承包土地和其他生产资料。2. 农民知识分子阶层。他们拥有一定的知识或技术并在农村从事教育、科技、医疗卫生、文化艺术等智力型职业。3. 个体劳动者和个体工商户阶层。主要从事某项专业劳动或经营小型的工、商、服务业等行业的劳动者和经营者。4. 管理者。包括私营企业管理者、乡镇企业管理者和农村乡务村务管理者。除此之外,农民还包括农民家庭中已经丧失劳动能力和尚未具备劳动能力的人。农民阶层的不断分化,使得农民之间实际上已经产生了巨大的差别,正因为这样,不同阶层的农民,不仅其意愿和要求存在差异,而且其所能从社会资源分配中得到的份额和好处也就不完全相同了,即不同阶层的农民具有不同的经济利益诉求。

本书所研究的农民经济利益问题主要是指农业劳动者的经济利益,同时适当兼顾其他农民阶层的经济利益。所谓经济利益就是在一定社会经济条件下，能够满足主体经济需要（生存和发展）的一定数量的社会劳动成果和劳务。农民的经济利益就是指能为农民所占有和支配，并满足农民各种需要的物质资料和劳务，这里的需要主要是生活和生产需要。一部分物质资料和劳务可以用经济收入加以衡量，经济收入越多，购买这部分生产资料和消费资料的能力越强。如农产品等消费资料以及拖拉机、种子、农药等生产资料可以通过收入进行衡量。然而，土地这个重要的生产资料却不能用经济收入的标准进行衡量。拥有土地的数量和质量主要决定于土地制度的安排，并影响农民在土地上的收益。一般情况下，物质资料分为劳动产品和天然存在物两种，前者可以用经济收入衡量，而后者则不是通过经济收入机制来实现的。因此，农民经济利益包括不能用收入形式表现的物质资料和用收入形式表现的物质资料。对农民经济利益的构成，也要做具体的分析。从内容维度来看农民经济利益的构成，表现为农民的生产环节利益、流通环节利益、分配环节利益、消费环节利益等；从制度维度来看农民经济利益的构成，分为农民的根本经济利益（如户籍制度、土地承包制度等）和具体经济利益（如农产品市场价格的高低、国家农业补贴数量的大小等）；从时间维度来看农民经济利益的构成，有农民的长远经济利益和当前经济利益；从范围维度来看农民经济利益的构成，分为农民的局部经济利益、个体特殊经济利益和整体经济利益等。作为农民根本利益的经济利益，是农民其他一切利益和获得自身发展的物质基础，是农民实施一切行为最基本的动因和前提。只有实现或者满足了农民的经济利益，才能进一步保障农民的其他利益，如文化利益、政治利益等。

2.3.2 农民经济利益的特点

农民是当代中国社会最大的社会群体，和其他社会群体相比，农民最大的差异性源于自己独特的职业特征，即农民职业的唯一性，其他社会群体几乎不从事的职业。农民的经济利益由于农民职业的这种特殊性，使得他们的经济利益很难通过收入分配的方式来衡量。自然条件的好坏及自身素质的高低和农民获取经济利益的多少直接相关，这就决定了农民经济利益的获取具有自己的不同于其他工商业者利益的显著特点，这些特点，既来自农业这一产业的本质特点，又源于农民这一群体的本性特征。

（1）远离市场，相对独立

就整个国家来讲，相对于城市来说，部分农村依然处于隔离状态，根本没有与现代社会的政治、经济、文化相融合，但也不是陶渊明笔下的世外桃源。市场经济体制虽已在全国的资源配置中起基础性的作用，但当我们走进中西部农村的时候，却发现市场机制与本地农民的劳动、生活及其农业资源的配置几乎毫无联系。农民是以农业养生的群体，是以家庭为基本生产和消费单元，自己养活自己，满足家庭成员的最低生存需要。一般情况下，农民拥有获取自己经济利益的资源稀少，和其他社会群体相比，不享有或者较少享受到资源配置的倾斜以及社会保障等福利待遇，农民拥有的有限土地既是生产资料，又是生存保障资料，是实现其全部经济利益的基础。从目前来看，农民的需要主要依靠农民自身努力来满足，辛勤劳动满足生存需要，刻苦钻研满足发展需要，节约积累满足养老需要，自娱自乐满足精神文化需要，某些地方甚至还存在农民自己捐资兴建学校支付教师工资满足自己及后代的教育培训需要，自己掏钱满足自己的医疗卫生需要等。所有这些与农民经济利益相关的现实需要从根本上来讲，主要是农民通过自身的努力在还没有完全认识市场，更不能驾驭市场，甚至远离市场的情况下实现的。这说明农民经济利益的实现具有鲜明的"远离市场，相对独立"的特点。

（2）获得利益，相对滞后

农民经济利益获得的滞后性是指农民经济收益的状况始终少于和滞后于经济社会发展过程的速度，具有落后于非农群体收入水平的现象。这是由农业生产效率低于工业生产效率决定的。自从工业化开始后，城市的聚集效应、工业的高效率，使资源配置向工业和城市倾斜，农业、农村难以获得或者很少获得资金的支持，特定历史阶段反而还要向工业和城市输送积累资金。农业作为一种弱质产业，农业比较利益低下，在市场和产业竞争中乏力，再加上国家财力有限，补贴不足，不可能获得社会平均利润。所以，农业作为农民的主要经济来源，给农民带来的收入难以赶上工商业创造给工商业者的收入，由此可见，农民经济利益的实现以及实现程度总是落后于其他社会群体的经济利益实现的速度和程度。

（3）既得利益，相对易损

今天，农业发展政策已经开始转变，以市场经济为支点的宏观政策环境已经形成，市场机制对于农业资源配置的作用大大增强，使农业资源的配置机制出现了"双轨制"的特征。由于这种双轨制特征，那些在经济作物上具有比较优势的地区慢慢地部分从强制性种粮食的重负之下摆脱出来，因而从刚刚起步的市场机制和区域间贸易中获益最大。这主要是由两个原因形成的：第一，那些具有经济作物比较优势或不具有种粮比较优势的地区，由于被提供了一定的贸易机会，以及仅在一个固定的数量上受到种植和收购的约束，因而可以把更大比例的资源分配到经济作物的生产上，并由此改变农业的边际成本曲线。第二，由于在粮食的控制上保留更多的传统政策痕迹，而经济作物更多受市场的调节，所以种植经济作物较之种粮食作物，一般情况下能够获得更符合市场均衡价格的补偿。但是，国家在宏观上必须保证并维持一个对粮食生产和供给的较强的数量控制，这样就能保证全国的粮食安全，但这样在某种程度上妨碍了农业比较优势的发挥。首先，那些在经济作物上具有比较优势的地区只有落实了中央要求的粮食种植面积之后，才能心安理得地发展经济作物。其次，从全国来看，农业中比较优势已经从粮食转到经济作物，所以如果继续维持国内资源配置与国际市场脱钩，实行粮食自给政策，会给我国农业带来极大障碍，让农民付出巨大的福利代价。

2.3.3 影响农民经济利益实现的因素

农民经济利益的实现涉及许多因素，社会生产力的发展程度、国家制度的偏好、公正的社会环境、农民自身的现代素质、政治地位的高低，以及对各种资源的占有或控制等均构成农民实现其经济利益的重要影响因子。因而，农民经济利益的实现既不单纯取决于农民自身的现代素质与能力，也不单纯取决于国家宏观的大政方针，而是农民自身能力、国家的宏观政策、执行政策的地方基层干部以及涉农企业多方互动共同作用的结果。由此可见，影响农民经济利益相关的因素很多，从约束条件来讲，有三大因素始终影响和制约着农民经济利益的实现。

（1）自身素质的高低

农民作为自己经济利益的主体，其素质对其经济利益的实现、发展、维护具有不可替代作用。素质是在人的先天生理基础上经过后天教育和社会环境的影响而形成的相对稳定的品质和能力。它包括思想道德素质、科学文化素质、实践能力素质等方面，是以能力为核心的一个综合性概念。一个人能力的大小是其获取经济利益的最重要的资本。它限定了一个人可能的活动范围。从1949年至今，特别是改革开放以来，我国农民素质有了明显提高。但是，由于历史和社会的原因，我国农民素质的整体水平仍然不高，这不仅影响他们的生产活动范围，如产业水平高低和择业机会多少，直接对农民经济利益的实现产生重大影响，例如，市场意识决定农业产出的效益、技术运用效果影响农业生产的效率、信息大小影响农民就业的机会；而且还影响到他们的政治参与范围、利益表达意识、民主法制意识、资源配置方式、自我保护能力、公平交易能力等，使其经济利益受损或维护成为可能。所以，素质对农民经济利益的影响是至关重要的，它对农民的活动范围的限定，一方面决定了其获取经济利益能力的大小，另一方面又决定了其经济利益受损或维护的程度。

（2）占有资源的多寡

资源条件是与农民经济利益紧密相关的又一重要因素。笔者这里所说的资源既包括自然资源也包括社会资源。拥有资源的多少，对农民经济利益是一个关键性的约束条件。在自然资源中，土地占有数量和质量的状况、地理位置的优劣、气候条件的差异等都能对农民的经济利益产生重大影响，它决定了农民的生产力活动边界。在社会资源中，权力、权利、体制、制度、组织等同样对农民的经济利益产生重大影响，它决定了农民的社会活动范围。因而，争取充足的自然资源和社会资源，是农民满足自身需要、实现自身经济利益的关键性决定条件。

（3）社会资源的配置方式

一个社会的资源配置方式，实际上就是人们及其社会组织获取资源的合法渠道。一般来说，社会资源的配置方式有三种：权力授予方式、市场交换方式和社会关系网络。自然资源中除气候、阳光、空气等不参与社会分配外，大多数自然资源也都是按照上述三种方式配置的。权力授予方式，是指资源由国家行政权力及其一系列制度安排所配置，不同社会群体获取资源多少和渠道的大小，均受到这种制度关系的支配和制约。市场交换方式，是指资源主要依据商品交换及其市场规则进行分配，市场交换关系的制度安排主要基于契约关系，不同社会群体成员的地位或资源的获得主要依赖市场机制通过交换关系手段。除了以上相对完善的正式制度安排机制的资源配置方式，社会学家还采用了社会关系网络分析工具，提出了第三种资源配置方式即社会关系网络配置。这种资源配置方式是将人们之间特定和亲密的关系看作是一种社会资源，借助于特殊的社会关系机制，作用于不同成员之间的资源分配。这是一种非制度安排机制，但广泛存在于日常生活中。农民在获取资源过程中，基本上受制于上述三种资源配置方式。

总之，农民自身素质的高低、占有资源的多寡及其社会资源的配置方式均与农民经济利益紧密相关。在这三大因素中，农民自身素质对农民经济利益的实现具有前提性的作用，农民资源拥有状况对农民经济利益的实现具有关键性作用。所以要发展、维护农民的经济利益，前提性条件就是提高农民素质，同时通过制度的变革和创新，使高素质的农民和更多的资源结合起来。当然也不能忽视社会关系网络在实现农民经济利益方面的积极作用。

第三章　维护农民经济利益的原则与思路

3.1　农民经济利益的现状分析

3.1.1　农民经济利益受损原因

改革开放以前，计划经济居于支配地位，政府是农民经济利益的唯一代表和保护者。因此，这一时期农民经济利益的流失主要是由国家宏观经济指导思路以及经济制度政策的偏颇所致。当时虽然没有市场风险，依赖公社集体的力量就可以抵抗各种自然风险，但由于政策制定的偏颇致使农民在计划经济时期的经济利益没有得到有效保障。当社会主义市场体制在中国建立和强力渗透之时，由于农民经济利益实现的自致性，农民经济利益呈现出"远离市场、相对独立"的特点。因此，农民经济利益流失的原因，有计划经济时期遗留下来的一些体制性因素，亦有农民自身的素质局限和所从事产业的约束因素，还有农村市场经济体制的不完善因素。此外，政府自身职能的偏差也是导致农民经济利益流失的重要因素。

（1）二元结构及其相应的制度安排是农民经济利益流失的制度原因

新中国成立初期确立以重工业为主的工业化优先发展战略，其实质就是工农、城乡不平衡发展的战略。从工业发达国家的经验来看，工业化的资本积累有四个途径：其一是依靠掠夺殖民地来积累工业化所需资金；其二是参与国际社会分工，通过发展自己的优势产业和国际贸易创造经济利润；其三是通过金融市场和直接投资的方式从国外引进资本；其四是从农业抽取经济剩余，依靠农业完成工业化的资本积累。第二次世界大战后，整个世界形成了资本主义和社会主义两大阵营的对抗。由于意识形态的原因，资本充足的、工业技术先进的发达资本主义国家切断了同中国的经济联系。1959 年中苏关系破裂后，中国从外部利用资源已完全没有可能性，我国工业化的资本积累只能来自国内的农业剩余。为了有效地积累资金，国家开始关闭主要农产品市场，试图依靠工农产品非等价交换的方式进行积累资金。于是分别在 1953 年和 1954 年对粮食和棉花等大宗农产品实行统购统销政策，私商被禁止，国家成为唯一的垄断经营者。最终于 1958 年在农村建立人民公社体制。

工农、城乡不平衡的发展战略及其具体的制度安排造成的另外一个后果是我国因此逐渐形成了内部自我循环、城乡相互封闭与逐步分离的"二元经济结构"，严格限制农村人口流向城市的"二元社会结构"。"双二元"形成后，国家的多种宏观方针和微观制度安排，都在自觉不自觉地巩固和强化着这种发展战略。尽管改革以来，这种情况有所变化，但由于种种复杂的社会原因和历史惯性，我国至今仍然难以摆脱城乡分割的社会格局和二元经济。这种城乡社会经济二元结构，通过政府行为，即强制性的政策和超经济手段，使城乡按照两种不同的方式、方向发展经济：农村以农业为主，抑制其他非农产业发展，并囿于传统的生产方式和组织方式；城市以工业为主，并以现代化生产要求和先进技术组织生产，使城乡居民在生存和发展等基本权利上处于严重的不平等地位。这种二元格局，导致并强化了农民经济利益的边缘化，其最突出地表现在城乡差距的扩大、农民经济利益的制度性流失和社会流动的停滞。

二元结构理论认为，随着经济社会的发展，现代工业部门不断吸收传统农业部门大量的剩余劳动力，伴随着劳动力转移速度的加快，大量的农民变成市民。此时，农业和工业、农村与城市才能得到均衡发展。而我国缺乏轻工业支持的重工业的过度发展，给农业的压力太大，导致农业缺乏自我发展和自我积累的能力，同时又造成农业内部剩余劳动力的不断增加。在优先发展重工业的战略下，国家实行了严格的城乡有别的户籍制度，使社会割裂为农村和城市，并严格控制农村人口向城市流动。这就使得农业大量经济剩余从农业部门中流出的同时，因户籍制度的束缚再加上缺乏轻工业的带动，并没有带来农业剩余劳动力向城市和非农产业的转移。户籍制度把社会成员的户籍分为农村户口和城镇户口两种不同的户籍类型，这实际上也是两种不同的身份类型，并附着了不同的意义和功能。这一户籍制度使社会日益割裂为"国家供给"的城市社会和"自给自足"的农村社会。

显然，户籍制度把大量劳动力人口禁锢在农村，保证了粮食等基本农产品的供给，同时可以减轻因大量农村劳动力流入城市给国家带来的财政负担，有利于国家工业化战略的实施。但这种"一国两策，城乡分治"的制度，形成了对农民的社会偏见和歧视，不仅人为地造成农村居民和城市居民在社会地位、发展机会、权利等方面的不平等和不公平，而且导致社会流动的停滞。社会流动的停滞，在加大了农民的机会成本的同时，使广大农民失去了机会利益。虽然城乡差别是社会发展过程中的客观现象，也是城市化、工业化的内在动力；但是二元结构使城市的市民与农村的农民长期处于隔离状态，致使有可能缩小的城乡差距反而扩大。一方面，农村传统农业与城市现代工业的劳动生产率差距不断拉大，工农产品比价因收入需求弹性不同而出现不利于农业、有利于工业的变动趋向，大规模的工业企业容易形成垄断，而分散的小农在市场机制交换中处于劣势，极不利于农民经济利益的保障和提高；另一方面，发展越来越现代化的城市，已经从工业社会向信息社会转型，而农村则处于从农业社会向工业社会的转化过程中，由此导致城乡经济发展反差越来越明显，落后的农村与先进的城市又会反过来强化二元结构。

被具体制度固化的二元结构反过来又会导致农民经济权利的缺失，表现为农民在从事农业生产、交换、消费、分配等经济活动过程中应该具有的自主、独立、平等等权利处于不充分、不完整的状态。家庭联产承包责任制使农村的经济社会发展取得了举世公认的成就，最成功之处莫过于重新赋予农民自主经营权。但是，农村的土地制度改革并不彻底，农村集体土地不仅存在产权主体不明问题，还存在着产权主体缺位问题，严重削弱了土地产权的收益性和保护性功能。这是当前农民的土地财产权无法保障、收益无法实现、农村耕地保护乏力的深层原因。当前危害农民经济利益最为严重的是低价强占、强征农民承包耕地，扣缴、截留农民的补偿安置费；在没有解决失地农民就业安置的情况下，非法改变土地的农业用途、强迫农民流转承包耕地、截留农民土地的流转收益等。这种情况在部分地方还有加重的趋势，土地产权不明或缺位是形成这种趋势的根本原因。此外，在过去几十年的发展进程中我们过分强调效率优先的观念，对广大农民经济利益的关注不够，甚至是漠视，也是导致目前城乡之间和农村内部出现不应该有的某种畸形化现象的重要原因。这种情况使农民这一社会群体处于十分不利的位置，直接妨碍了城市化、非农化和市场化的进程。同时农民经济权利的缺失必然导致农民陷入一种受歧视的不公正境地，农民获取自身经济利益的空间、机会、能力等都会受到挤压。如此，农民本应获取的经济利益往往不仅不能获取，而且还会使不该失去的经济利益被拿走不少。

（2）农业弱质性是制约农民经济利益实现的主导因素

一方面，传统农业是以动植物生命有机体作为生产对象的，具有自然再生产与经济再生产有机统一的生产过程的特殊性，是受自然环境和市场环境双重制约最为显著的产业。所以自然生产环境和社会市场条件对农业生产活动有着重要的影响。这种情况下，就形成了两个大的风险，即自然风险和市场风险。生命有机体生长发育的自然规律是农业获取产品必须遵循的基本规律，种植业是农业产业中的主体部分，对地理环境、气候条件等有着高度的依赖性。在进行农业生产过程中有机体数量的多少与质量的高低和外部地理、自然环境条件的优劣存在着高度的关联性。因此，外部自然环境条件的不确定性与不可预测性，直接影响与决定了农业生产经营效率的高低。当生产力水平极为低下的时候，科学技术对自然界控制程度不高时，农民获取经济利益的多少往往决定于自然风险。因此，在物质基础薄弱、农业仍然靠天吃饭的条件下，突发性的自然灾害往往会给农业生产造成巨大的损失，进而损害农民的经济利益。

另一方面，农产品在市场经济运行环境中其价值的实现必须借助于市场机制，因此，农业经营效益也受市场供求状况与经济机制的影响。价格与供求关系的相互作用与相互影响、恩格尔系数和凯恩斯定律的双重约束下的农产品需求收入弹性不足，以及波动的市场供求等，都使农民在生产经营上面临难以避免的市场风险。由于农业经营难以摆脱市场风险和自然风险，因此农民的经济利益就很不稳定。自然灾害有可能使农民颗粒无收，这种状况下农民不但没有任何收益，还要赔上农药、种子、化肥等投入成本；如果依据价格信号来选择、调节农作物的品种进行生产，那么，市场波动导致的农业增产不增收也会在所难免。农村中大量劳动力不能有效地转移，农民生产经营的土地规模难以扩大，这样就会出现边际收益递减，甚至亏损。通过扩大经济作物面积进行农业结构调整，种植市场上价格高、缺乏货源的农副产品，可以使农民的经济利益有所保障和提高。但改变作业领域和范围，调整农业结构，对刚刚越过温饱线的农民来说，还要冒不确定的市场风险。所以，自然风险和市场风险是造成农业的弱质性的重要原因，这也是制约农民经济利益实现的现实因素。

（3）实践能力的低下是制约农民经济利益实现的关键所在

辩证唯物主义的利益理论认为，利益能否实现以及在多大程度上实现依赖于人的实践能力，离开了实践能力的利益只能是一种主观欲望或需要。因此，农民经济利益能否实现及其实现的程度归根结底还是取决于农民的实践能力，而农民的实践能力总是和农民自身的素质是分不开的。中共中央政策研究室、农业部农村固定观察点办公室，对全国31个省的320多个县的22000多个农户按收入高低进行五等分，即最高收入组、次高收入组、中间收入组、次低收入组和最低收入组；然后，用劳动力受教育程度作为人口素质参数，验证农民经济利益的实现程度和受教育程度的关系。结果显示，最高收入组的收入均为初中及初中以上文化程度的劳动力。这意味着农村义务教育普及和农村居民收入水平呈现较强的正相关关系。从全国来看，目前农村人口的文化素和教育状况令人担忧。主要表现为：①文化素质低。多数农民为小学和初中水平，且大多缺乏一技之长，有相当一部分人只读了一两年书。农村劳动力受教育水平低，不仅影响其对现代农业科学技术的吸纳（在发达国家2年推广开来的先进农业技术在我国全面推广需要6年左右），而且使得农民对农业资源的利用率远远低于发达国家水平，特别是在用电、用油、用水、用肥、用地等方面，浪费比较严重。②技术素质不高。现代农业的发展离不开现代科技，因此必然要求农民掌握大量的技能和知识。然而大部分农民没有受过正规的、系统的农业技术教育和正规培训。农民参加各种形式的科技培训比例仅占27.2%，在所有参加培训的农民中，累计参加培训所用时间5天以下、5～10天、10～20天及20天以上的分别占69.62%、22.32%、5.84%和2.07%。由于多数农民缺乏特有技能，所以只能在农忙之余集中在矿山开采、家政、建筑工地、餐饮、环卫等环境恶劣、条件艰苦、就业门槛较低的劳动密集型行业就业。③经营素质较差。由于长期受小农经济思想的影响，农民的市场意识比较淡薄，经营管理素质较差；由于文化素质低，农民接受与反馈信息的能力低下，参与市场竞争的能力弱。

农民是最大的弱势群体，弱势的本质是弱能，这不需要论证。但原因何在，则是仁者见仁，智者见智。笔者认为最根本的原因源于我们的教育体制。长期以来我国实行的是城乡二元结构，虽然近年来我国一直在推行素质教育，但是我们的教育体制却一直围绕着"升学率"这根指挥棒转。因此，农村的基层教师在这一教育理念的指导下，并不是对初中学生进行热爱农村家乡的教育，而是教育他们将来如何摆脱农村的环境；不是为他们描绘美好的新农村的未来，而是用农村落后的现状刺激他们努力学习走出困境。升学率指挥棒下的农村教育，使农村孩子从小就向往城市、厌恶农村，教育的结果是广大农村的孩子在初中时就从未想过如何改变农村的面貌、如何立足于自己的家乡去干一番大事业。遗憾的是就是这些对城市充满幻想、从未想过怎样才能做一个新时代的新型农民的孩子却是今天农村劳动力的主体，毕竟全国近5亿农村劳动力中初中及以下文化程度的占88%。带着中考或者高考落榜的一个失败者的心态和一心想做城里人的心理却毫无思想准备地重新融入农村生活，此时的他们为了自身的生存，才开始培养自己各种在农村生产、生存、生活的能力。然后，他们又把自己的梦想寄托在自己的子女身上。在他们看来，农民就是应该比城里人穷一点、苦一点、累一点，因为在他们刚上学时候，他们的老师已经告诉了他们，关于这一点他们深信不疑。试想，如果从事农村基础教育的老师在孩子们刚上学时就教育他们人与人都是平等的；我们读书的目的是为了丰富自己的知识、积累自己的经验、提高自己的各种能力；人与人间的区别只是在于分工的不同而没有身份的差异，能考上大学进城工作的是人才，在农村能干出一番大事业的才是好汉……教育的结果将会怎样？其次，社会最基本的生活资料的供应者，广大农民常常是为了自身的生存而疲于奔命，农民的需要一直停留于自然属性的本能需求上，例如生理和安全。改革开放以来，随着社会主义市场经济体制的建立和完善以及现代文明的熏陶，农民的思想观念发生了前所未有的变化，但农民身上传统的历史遗痕不是一下子就可以去除殆尽的。几千年的农耕文化与文明造就了农民特有的个性特征，其对今天的农民突破传统角色的羁绊，由传统农民向现代农民的迈进，仍起着不可忽视的巨大阻碍作用。传统的历史痕迹对农民的消费行为、经营决策、政治参与和文化教育也有着不可忽视的影响，也是不可小看的。主体意识不强、创新意识太弱，制约着农民对经济利益的主动追求。自卑的、"忘我"的农民，往往看不到自身的社会存在，更不相信自身的能力，漠视自身的社会作用，对权威、权力既敬畏又崇拜。一般情况下，农民是按照程式、传统、经验办事的，缺乏主动性和创造性，宁愿多吃一点亏，少挣一点钱，也不愿冒市场风险去经营，而在市场经济下，某种程度上风险与收益是成正比的。

由此可见，农民实践能力的低下，是阻碍农民经济利益实现的深层次原因。促进农民素质的提高，是解决农民经济利益问题的关键，是农民获得更大发展的决定性因素，也是经济社会发展的终极目标。

3.1.2 维护农民经济利益关系国家长治久安

作为"三农"问题核心的农民经济利益问题以其必要性和紧迫性使其成为当今中国社会前所未有的焦点。从李昌平给总理的信中谈到"农民真苦、农村真穷、农业真危险"的呐喊，到陈桂棣的《中国农民调查》中农民增收减负问题所揭示的触目惊心的严酷现实，再到胡锦涛指出的"全党工作的重中之重"，这一切都表明，维护农民经济利益问题的必要性。

首先，这是保持社会稳定的需要。维护农民经济利益，提高农民经济利益，绝不仅仅是经济问题，而且是关系到党和国家前途命运的重大政治问题。当代中国农民，占全国总人口的70%，世界农业人口的35%，世界总人口的15%。世界上任何一个国家在任何一个历史时期，农民的数量和规模都无法与当代中国相比。中国农民的这种数量特征，既构成了中国最具特色的基本国情之一，也是中国最根本性的问题之一。邓小平同志指出："中国百分之八十的人口在农村，中国稳定不稳定，首先要看这百分之八十稳定不稳定。城市搞得再漂亮，没有农村这一稳定的基础是不行的。""农村不稳定，整个政治局势就不稳定。"

其次，这是发展我国社会经济的需要。（1）农民经济利益的核心是农民收入，而农民收入问题直接影响到扩大内需、争取国民经济持续稳定发展的大政方针能否落实。进入 20 世纪后半期，我国面对国际市场和国内经济发展的现实，实施了扩大内需的经济政策。但是，农民收入增长减缓导致农民消费能力不足，进而使农村这个广阔的大消费市场没有发挥出应有的作用。据有关资料统计，农村居民消费额占社会消费额的比例最近几年持续下降，2001 年、2000 年农村居民人均消费分别相当于城镇居民的 32.8%、47.5%。这致使在国际上人均 GDP 达到 3 000 美元时才会形成的买方市场，在我国人均 GDP 不到 1 000 美元时就已经形成了买方市场。（2）农民经济利益的受损，必然影响到农民投资农业的积极性，进而制约农业的持续发展，影响"农业基础地位"的稳固，并进而影响整个国民经济的持续发展。（3）这是实现我国社会主义现代化的一个重要方面。正确认识农民、农业和农村问题的战略地位，直接关系到现代化进程顺利与否。可以说，加强农民经济利益保护是实现农民现代化的前提条件，没有现代化的农民，就没有农业、农村的现代化；破解"三农"问题之日，就是全国实现现代化之时。

再次，维护农民经济利益是全面建成小康社会的需要。改革开放之后，我们党对我国社会主义现代化建设做出战略安排，提出"三步走"战略目标。解决人民温饱问题、人民生活总体上达到小康水平这两个目标已提前实现。在这个基础上，我们党提出，到建党一百年时建成经济更加发展、民主更加健全、科教更加进步、文化更加繁荣、社会更加和谐、人民生活更加殷实的小康社会，然后再奋斗三十年，到新中国成立一百年时，基本实现现代化，把我国建成社会主义现代化国家。

从现在到 2020 年，是全面建成小康社会决胜期。要按照十六大、十七大、十八大提出的全面建成小康社会各项要求，紧扣我国社会主要矛盾变化，统筹推进经济建设、政治建设、文化建设、社会建设、生态文明建设，坚定实施科教兴国战略、人才强国战略、创新驱动发展战略、乡村振兴战略、区域协调发展战略、可持续发展战略、军民融合发展战略，突出抓重点、补短板、强弱项，特别是要坚决打好防范化解重大风险、精准脱贫、污染防治的攻坚战，使全面建成小康社会得到人民认可、经得起历史检验。

从党的十九大到党的二十大，是"两个一百年"奋斗目标的历史交汇期。我们既要全面建成小康社会、实现第一个百年奋斗目标，又要乘势而上开启全面建设社会主义现代化国家新征程，向第二个百年奋斗目标进军。

综合分析国际国内形势和我国发展条件，从 2020 年到 21 世纪中叶可以分两个阶段来安排。

第一个阶段，从 2020 年到 2035 年，在全面建成小康社会的基础上，再奋斗十五年，基本实现社会主义现代化。到那时，我国经济实力、科技实力将大幅跃升，跻身创新型国家前列；人民平等参与、平等发展权利得到充分保障，法治国家、法治政府、法治社会基本建成，各方面制度更加完善，国家治理体系和治理能力现代化基本实现；社会文明程度达到新的高度，国家文化软实力显著增强，中华文化影响更加广泛深入；人民生活更为宽裕，中等收入群体比例明显提高，城乡区域发展差距和居民生活水平差距显著缩小，基本公共服务均等化基本实现，全体人民共同富裕迈出坚实步伐；现代社会治理格局基本形成，社会充满活力又和谐有序；生态环境根本好转，美丽中国目标基本实现。

第二个阶段，从 2035 年到 21 世纪中叶，在基本实现现代化的基础上，再奋斗十五年，把我国建成富强民主文明和谐美丽的社会主义现代化强国。到那时，我国物质文明、政治文明、精神文明、社会文明、生态文明将全面提升，实现国家治理体系和治理能力现代化，成为综合国力和国际影响力领先的国家，全体人民共同富裕基本实现，我国人民将享有更加幸福安康的生活，中华民族将以更加昂扬的姿态屹立于世界民族之林。

2017 年的"中央一号文件"继续锁定"三农"工作，把深入推进农业供给侧结构性改革作为新的历史阶段农业农村工作主线。党的十八大以来，习近平总书记在多个场合就"三农"问题发表一系列重要讲话，深刻阐述了推进农村改革发展若干具有方向性和战略性的重大问题。

党的十八届五中全会在党的十八大报告就全面建成小康社会提出的五方面要求的基础上，又提出了全面建成小康社会新的目标要求，明确"经济保持中高速增长"，强调"提高发展平衡性、包容性、可持续性"，要求"消费对经济增长贡献明显加大，户籍人口城镇化率加快提高""农业现代化取得明显进展，人民生活水平和质量普遍提高，我国现行标准下农村贫困人口实现脱贫，贫困县全部摘帽，解决区域性整体贫困"，等等。从这些更加具体化的目标要求不难看出，解决好"三农"问题是全面建成小康社会决胜阶段的重要任务。

最后，这是全面落实科学发展观的需要。中国农民长期以来对推动社会进步、对中国城市和工业发展做出了巨大贡献。当年是走农村包围城市之路才取得了革命的胜利；新中国成立之后很长时期，农产品低价与工业品高价的"剪刀差"的宏观政策，为工业发展提供了原始积累，是国民经济体系和工业体系得以建立；改革开放以来，每次标志性的改革都发端于农村，再推向城市。因此，给予农民以人文关怀，维护、保证、提高农民的经济利益，不仅是我们落实科学发展观的必然要求，更是我们道义上的责任，也是由农民为中国革命和建设做出的巨大牺牲和贡献所理应得到的回报。落实科学发展观就要求我们把农民的经济利益放在首要位置，贴近农民、善待农民、理解农民、关心农民。经济利益是农民的根本利益，是农民其他一切利益和自身获得发展的物质基础，是农民一切行为的最终动因。当前农民群体在社会经济中的实际地位以及农民群体经济利益受损的现状告诉我们，加强农民经济利益保护，是一个不能再等待的迫切任务，确实是"全党工作的重中之重"。

3.2 维护农民经济利益的原则

3.2.1 农业基础地位不可动摇原则

维护农民经济利益，必须巩固和加强农业基础地位，始终把解决好十几亿人的吃饭问题作为治国安邦的头等大事。离开了中国农业基础地位的加强与巩固，离开了中国国民的粮食安全问题，去维护农民的经济利益，那是不负责任的观点。

首先，农业是人类的生存之本，具有不可替代性。恩格斯指出，"我们应当首先确定一切人类生存的第一个前提，也就是一切历史的第一个前提，这个前提就是：人们为了能够创造历史，必须能够生活。但是为了生活，首先就需要衣、食、住及其他东西。因此第一个历史活动就是生产满足这些需要的资料，即生产物质生活本身。"在任何社会，生活资料的生产是人类的生存与一切生产最前提的条件。食物是人类生存首先必要的生活资料，而食物数量的多少和质量的高低是由粮食生产部门决定的。农业作为生活资料的特殊产业部门，具有其他产业部门和工业的不可替代性，不仅表现为农业作为人类获取食物的唯一途径具有不可替代性，同时也表现为农产品作为人类生存和发展最基本、最必要的生活资料具有不可替代性。由此可见，农业是第一位的，工业是第二位的。没有工业，人类会降低生活水平但仍然能够继续存在；而没有农业，人类社会就无法继续延续和生存。农业发生危机，也就意味着人们最基本的生存出现了危机。没有了食物，人就会失去生命，食物需求是人类最基本的生存需求。人们可以减少衣物的消费数量和质量，降低住房的消费档次，但却不可以减少维持生命的最基本的食物消费量。生命存在是所有人类活动的基础，当饥饿威胁到生命时，人类的一切活动的目标就只剩下一个：获取食物。所以，农业危机和其他任何危机相比具有人类难以容忍的特点。

其次，农业发展是社会稳定的基础。民以食为天，食以农为本。一个人在饥饿时不会对其他事物感兴趣，只会关注食物，他行为的原动力就是得到食物。源源不断的粮食供应是人类生存的前提性条件，人类脆弱的生命一旦和粮食的稀缺相结合，粮食的重要性就远远胜过人类社会生产的任何产品。因此，只要出现了农产品危机的信号，立即就会引起全国甚至全世界性的粮食大抢购，其反应强度和速度可以用"爆发"来形容，此时，一切人类行为的尺度就是"生存的理性"。当自身最基本的生存难以得到有效保障时，人们就会马上产生与政府对立的情绪和行为，这种情绪很快就会蔓延成全局性的危机，造成社会的动荡不安。对于有限的粮食资源的争夺，最容易导致人们相互否定或相互损害，一些平时少见的极端现象就可能会出现。例如，在饥荒时期就曾经有过人吃人的惨剧。农业危机会迅速演变成经济危机、文明危机、秩序危机，直至全面的社会危机。在危机面前，人们对于政府的治理能力会产生深刻的怀疑乃至形成对政府的敌对情绪，此时，如果有外力推进，整个社会就有可能出现长期的社会动乱和政府更迭。现代社会的物流业已经相当发达，当一地出现某种商品大量需求时，市场就会自动调剂余缺形成供需平衡。但粮食是每日必需品，如果有限的粮食供给难以满足分散的数以万计家庭的储蓄需求时，粮食短缺便会很快演变成全社会的粮食危机。从理论上讲，在经济全球化条件下，粮食短缺可以通过国际贸易来解决，但粮食自身的某些自然特性增加了粮食供给的难度，例如，鲜活农产品的易腐性和生产粮食的周期性等。我国是拥有 14 亿多人口的大国，粮食的有效供给极为重要，中国一旦出现粮食问题，整个世界都要为之付出极大的代价。

最后，农业是国民经济的基础。农业是其他一切社会劳动独立存在的前提性基础，农业作为人类社会最古老、最基本的生产部门，同时也是国民经济发展的原动力所在。"超过劳动者个人需要的农业劳动生产率，是一切社会的基础"，社会分工产生和发展的基础是农业剩余产品的出现。纵观世界经济史，从来就不存在撇开农业的经济发达。第一，作为母体性产业的农业，其他任何一个产业的形成和发展都是从农业中分化或者和农业有不可分割的渊源，在工业在发展初期，农业为工业提供原始资本积累的同时又提供原料和市场。第二，国民经济的其他部门或国民经济整体发展就是建立在农业发展的基础上的。农业的四个发展要素是国民经济发展的重要条件，即要素贡献、外汇贡献、产品贡献和市场贡献。第三，整个国民经济波动的起点是农业，其根源还是农业。并没有因为农业产出值在国民经济中份额下降而使农业的基础地位有所变化，它依然是国民经济的基础。从世界范围来看，任何一个国家的工业化过程都经历了农业产出份额不断下降的过程。但是份额下降并不等于农业的萎缩和衰败，农村的凋敝更不等于农业的衰落。农业内部剩余劳动力因农业生产率提高而转移到非农产业，出现的是农业劳动生产率提高、农业总产值增加和农业产值份额下降的并存现象。因而，在国民经济中农业相对份额下降，但农业部门还是能够不断地提供充足的粮食，满足人们对食品和工业对原料的需求。从我国具体情况来看，虽然农业占 GDP 的份额下降了，但农业提供供给的生产能力却提高了，改革开放后，从总量上看粮食总产量连续迈过了 4 亿吨、4.5 亿吨和 5亿吨大关；从品种来看，禽、肉、蛋、奶等动物性产品和鱼类等水产品，以及水果、蔬菜的供应数量都在不断增加，人们的饮食结构更加合理。

3.2.2 发展农村社会生产力的原则

从人类社会发展规律来看，生产力决定生产关系，生产力是社会发展的决定性因素，生产力的不断发展是推动人类社会进步的根本力量。社会主义本质是解放生产力，发展生产力，消灭剥削，消除两极分化，最终达到共同富裕。进一步解放和发展农村社会生产力，不仅是当前现代化建设的主要任务，也是维护农民经济利益的大原则。

从根本意义上讲，目前制约农民经济利益的重要原因是农村社会生产力落后，主要表现在以下方面。

（1）中国农业正处在近代农业向现代农业转变的过渡期。农业发展的历史过程分为古代农业、近代农业和现代农业。中国的主流农业仍然处于近代农业阶段，但已开始迈向现代农业。中西部落后地区仍有部分古代农业形态。而少量现代农业主要在大城市近郊、沿海发达地区及大型的国有农场。农业生产力水平同发达国家相比仍十分落后。

（2）和发达国家相比，中国农业"三率"水平低。为了维护农民经济利益，应大幅度地提高农业"三率"：劳动生产率、土地产出率和农产品商品率。改革开放 40 年来，农村面貌发生了很大的变化，农民的经济利益不同程度上得到了提高，农民生活得到了改善。但应看到土地联产承包责任制的效应到 20 世纪 80 年代末 90年代初已基本释放完毕，随后的 20 年几乎没有新的政策和改革措施出台，农村发展势头开始迟缓。由于政策效应的释放，改革开放后粮食产量增加较快，到 1990

年仍保持3%的增长速度，但在以后的十几年里粮食产量一直保持在46 000万吨左右，基本没有太大的变化。1978—1985年的7年间农民收入保持年均16.8%的增长速度。由于受价格、政策等种种因素的影响，在其后的20年里一直处在增幅下滑的水平，而城镇居民可支配收入的增长幅度大大超过农民纯收入的增长幅度，这拉大了城乡收入差距。笔者认为，如果说改革开放后的家庭联产承包责制是一次解放和发展农村生产力的革命，那么，今天的新农村建设是又一次解放和发展农村生产力的具有深远意义的革命。虽然有学者认为，依据国外发达国家保护农民经济利益的方法，中国农民经济利益的提高某种程度上需大力依赖国家的农业补贴。笔者认为，国家的补贴不可少，但最根本的途径还是要放在大力发展农村社会生产力上。因此，当前我国新农村建设一定要注意纠正三种倾向：一是过于简单化的倾向，认为新农村建设就是改善农民的生活环境和居住条件，搞搞文明教育，实行农民直选村班子等。一定要明确新农村建设的实质是进一步解放和发展农村社会的生产力。二是纠正"等、靠、要"（等城市支援、靠政府拨款、要银行贷款）的倾向，牢固树立农民建设新农村的主人翁意识。三是纠正悲观情绪，有人认为中国"三农"问题是不可救药的顽疾，甚至认为新农村建设是一场运动，忽悠几年、热闹一阵就过去了。

3.2.3　统筹城乡经济社会发展原则

维护农民经济利益，就必须坚持统筹城乡经济社会发展的原则，始终把着力构建新型城乡、工农关系作为加快提高农民经济利益的重大战略。随着经济增长方式的转变和经济体制的转型，中国目前的经济发展形势发生了重大变化。一方面，体制改革和政策调整都进入关键时期，经济发展总体上进入了以工补农、以城带乡的阶段，国家可以为农业和农村发展给予一定程度地"输血"，农村发展面临新的历史机遇。另一方面，我国的"三农"问题日益凸显，农民经济利益的进一步提高实现面临很多挑战。当前，农民经济利益问题之所以异常突出，一个重要原因是城市居民经济利益的加速发展。

通过提高农产品价格和减免税费的办法使农民增加刚性收入来维护农民经济利益，这是我国历史上保障农民经济利益的基本办法。随着现代化进程的加快和市场经济的发展，仅靠这种增加刚性收入的办法已经难以解决农民经济利益问题。农民数量太多、就业渠道太少已经成了农村发展面临的突出问题。如果不能解决农村人多地少的矛盾，不能实现大量剩余劳动力的转移，提高农民经济利益问题便无从谈起。很显然，这一问题在"三农"内部是难以解决的，必须把提高农民经济利益放在国民经济发展的大循环之中，与城市居民经济利益的提高一起考虑。突破就农民论农民、就农业论农业的传统思路，站在国民经济发展全局的高度上深入研究和解决农民经济利益，实行以工促农、以城带乡、协调发展、城乡互动，最终使城乡优势互补、资源共享。这是保障农民经济利益的一个重大原则，也是跳出"三农"解决"三农"问题的宏观战略。

3.3 实现农民经济利益的思路

3.3.1 农村社会稳定是前提

农村社会的稳定是农村经济发展、保障农民经济利益的前提性条件，农民的经济收入、土地状况与农村稳定有着紧密的联系。农村居民的经济收入、土地制度状况与农村社会稳定有着紧密的联系。

近两年来，在上访人员中，农民占80%，反映的主要问题是因为土地征用而引起的土地承包权问题、乱收费引起的农民负担问题、基层干部的作风问题等。农村中的恶性事件逐年增加，恶性事件中的暴力行为也在不断攀升。根据对上访事件的调查显示，在农民经济利益总体上依然得不到保证的情况下，乱集资、乱收费、乱摊派等地方政府行为却层出不穷，再加上部分地方官员的作风腐败、基层政府财政开支超大等等，所有这些因素都是引发农村社会利益冲突的主要原因；同时这些因素也削弱了农村社会基层政权的合法性权威，大大降低了农村政策执行的力度和速度，增加了政府的施政成本。同时也突出了农村社会稳定的重要性，农村社会稳定是观察和维护农民经济利益的一种必不可少的视角和途径。没有农村社会的稳定，维护和发展农民经济利益就是一句空话。

因此，首先要理性地疏导和缓解农村社会中的因经济利益而引发的干群矛盾，进而在干部和群众之间形成稳定的双边互动关系，保证农村社会的稳定。著名学者米格代尔（亨廷顿的学生）认为，农民参与或要求变革政治的原因完全是出于自身经济利益的考虑。从目前来看，农民参与政治的方式总体上可以分为常规方式与非常规方式，农民以何种方式参与政治主要取决于农民的政治素质以及社会为农民提供的参与政治的渠道和方式。那么，我们解决农村社会利益冲突就应该从维护农民的经济利益出发。因此，我们可以得出四个解决途径：第一，精简机构。精简农村基层政权组织中富余的人员，坚决杜绝基层政府的乱收费现象，切实减轻农民的经济负担。第二，构筑农民参与政治的合法渠道。只有农民参与政治的合法渠道形成了，才能建立合理的农民经济利益的表达机制。第三，建立农民群体组织与农村基层政府的沟通渠道。第四，提高农民的法律素质。农民选择何种方式参与政治反映了我国民主法制建设的进程，也影响着农村社会的稳定。农村税费改革与农民的经济利益及农村社会的稳定有着紧密的联系，农村税费改革的成败直接关系到农民的经济利益和农村社会的稳定，其甚至被称为继1953土地改革、家庭承包经营制后的"中国农村社会的第三次革命"。温家宝在一次电视电话会议上强调，彻底取消一切农民不应承担的负担是税费改革的最终目标，一定要改变"生之者寡，食之者众"的现状，进而维护农民的经济利益。人类历史的发展表明，经济原因是农民群起反抗政府的主要根源，农民经济利益维护较好的国家，社会总体的稳定性就较高。经济是政治的基础，农民参与政治的最终目的还是为了自己的经济利益。农民群体是一个比较简单的群体，他们最大的满足就是不断提高自己的经济收入、维护自己的经济利益，但无论如何，农民经济利益的获取必须在社会稳定的前提下才能实现。

3.3.2 增加农民收入是关键

增加农民收入是农村工作的出发点，也是党在农村工作中的落脚点。农民收入的多少直接反映了农民经济利益实现程度的好坏。朱镕基说过："中国除非大幅度提高农民的经济收入并保持农村社会大部分地区的稳定，否则中国社会无法获得长期的稳定。"可见，农民的收入问题是关系整个农村社会稳定与发展的重要问题。中国是一个农业大国，同时也是一个农民大国。无论如何仅仅依靠农业收入是无法真正维护农民经济利益的。在中国的广大农村又不同程度地存在着大量的剩余劳动力，这些剩余劳动力在改革开放以前大多是隐性失业的，并没有给社会的总体就业和劳动力市场形成冲击和威胁。随着市场经济体制的建立和完善，农村剩余劳动力危机日益表面化。所以，不断减少农村中农业人口的数量是增加农民收入的关键所在，只有把农村中大量剩余劳动力成功转移出去，才可能提高农业劳动生产率和农民收入。改革以来，非农产业的发展，尤其是乡镇企业，创造了大量的就业机会，转移了大量富余的农村劳动力，提高了农民的经济收入。如要持续增加农民收入，只有不断创造就业机会，转移农村中剩余的劳动力。实际上，城市中的就业市场仍在挤压农民工的就业空间，具体表现为用工标准的要求上，许多不公正性甚至歧视性条件依然存在。从长远看，城市与乡村的发展最终是要联为一体的，因此，城市应尽力安置农村剩余劳动力，这是一个"双赢"的过程，而不是城乡之间的"零和博弈"。当然，如果将农村剩余劳动力转移仅仅寄托于城市是远远不够的。因为城市本身由于国企转型等原因导致的就业压力已经十分严峻。但另一方面，农业内部通过延长产业链加强农村社会的产业分工也可减少农民数量，消化农村剩余劳动力。发展现代农业就是解决农民就业的基本途径，例如发展生态农业、信息农业、品牌农业等。当然这些独具特色的现代农业并不是孤立的、互不联系的体系，而是以生态农业为产业基础，以信息农业为中介手段，以具有地域优势的品牌作为特色来发展农业。北大教授厉以宁提出，大力发展农村物流业也是增加农民收入的途径，只有农民在物资、信息和销售等方面有了保证，经济收入才会提高。"订单农业"是企业与农户之间"利益共享，风险共担"，有利于增加农民收入的合同农业。所有这些途径和方法都是增加农民收入、保障农民经济利益的重要手段。在增加农民收入的过程中，我们一定要警惕农村内部由于收入不均衡而出现新的"二元结构"，旧的"城乡二元"结构尚未从根本上解决的情况下，如果在农村内部出现贫富差距分化的新"农村二元"结构，中国农村的形势将更加严峻。所以，在农民收入不断增加的前提下，要采取措施，保持合理的收入差距，否则的话，将不利于农村长期的稳定与健康发展，最终还是会导致农民经济利益的可持续发展受到阻碍。

3.3.3 保护土地权益是根本

市场经济是市场主体在平等条件下的竞争，中国农民总体上由于文化水平低、现代技术少、法律意识弱等因素无法与其他的社会群体在平等条件下互相竞争。从目前来看，能与其他市场主体平等竞争的实力莫过于广大农民对于土地的使用产权，尤其在城市郊区或者农民所占有的具有特殊性能的土地，更是如此。如果国家强化对农民土地产权的保护，就更能增强农民在市场竞争中的话语权。据 2008 年12 月 7 日《光明日报》报道，从 2008 年 1 月至 10 月来看，全国检察机关共立案侦查涉农职务犯罪案件 10752 人，土地、城建、农业、林业部门案件高发，大部分与农民的土地处分决策权相关。目前检察机关已侦查终结并提起公诉 5196 人。这些涉农犯罪主要有：农村基础设施建设和拆迁改造的过程中农民的土地收益权遭受侵犯，农村土地征用开发时农民的土地承包权和农民的土地知情权、参与权被非法剥夺。另外，从犯罪主体看，农村基层组织人员所占的比例较大，国家公职人员中科级以下干部居多。农村基层组织工作人员 4613 人，占 42.9%，其中村支书 1615人，村委会主任 1037 人。这些人往往用自己所谓的"决策"使农民的土地处分决策权遭到严重干涉。土地处分决策权是农民作为农村集体经济组织成员和土地承包户所具有的针对农村集体所有土地特别是自己承包的土地的使用、经营、流转、收益方面等进行处分决策的权利，是农民土地财产权中最核心的权利。我国法律对农民的土地处分决策权相当尊重，赋予农民对其承包土地的充分的处分决策的权利。但是从目前来看，农民的土地处分决策权常常遭受粗暴干涉。例如，在征地、占地环节，藐视农民土地处分决策权利，违背农民意愿，占农民土地、毁农民庄稼的事件屡屡发生。在土地流转方面，农民的土地处分决策权往往受到侵害。部分地区，强制收回农民承包地实现土地流转，强迫承包方直接流转土地承包经营权，强行租赁农户承包地进行转租或者转包，假借少数服从多数强迫承包方放弃或者变更土地承包经营权等现象，较为常见。有些地区，对于因为政策原因无法迁出户口的农嫁非、军婚妇女，其土地承包权被剥夺；还有些地方，藐视《婚姻法》"女方可以成为男方家庭的成员，男方也可以成为女方家庭的成员"的规定，对于到女方家庭落户的男性，其全家承包土地的权利将被部分剥夺。

最近几年来，中国政府为了保护农民的经济利益相继出台了许多的政策和法律，应该说保护农民土地及相关权利的法律条款和规定并不缺乏，但就是执行难。为了保护农民的经济利益，必须强化法律对农民土地产权的保护。土地行政主管部门和农业行政主管部门，必须从源头抓起，严格按照法律规定保障农民对土地的占有和使用以及在土地征用、发包、使用、调整、流转等各个环节的具体权利。政府要减少利用行政手段征占土地，基层政府和村组尽量不要调整农民土地。任何社会组织和个人都不得非法剥夺、侵害、限制农民依法享有的各项土地权利，即使是国家重点建设项目，也要在最大限度地保障农民各项土地权益的基础上征用农民土地，并按照法律规定给予失地农民一定的经济补偿，杜绝农民既失地又失权现象的发生。我国法律例如《土地管理法》《农村土地承包法》《农业法》等在对保护农民土地权益做出明确规定的同时，也对非法造成农民失地问题的责任主体做出了明确的处罚规定。相关部门必须依据土地相关法律法规等的规定，给予那些非法侵害农民土地权利、剥夺农民土地的组织和个人严肃处理；依据《关于违反土地管理规定行为行政处分暂行办法》，监察部门要加大监察力度，追究违反土地管理规定、对于造成农民失地又失权问题严重的国家公务员，尤其是土地行政主管部门的工作人员加大行政处分的力度；公安、检察和人民法院对违反土地管理法规，非法占用数量较大耕地改作他用，造成耕地大量毁坏的责任人，尤其是国家机关工作人员违反土地管理法规徇私舞弊，滥用职权非法批准征用、占用土地的，要依据《刑法》等的有关条款，追究刑事责任。

第四章 增加收入是维护农民经济利益必先破解的难题

增加农民收入是维护农民经济利益的核心。增加农民收入有多种途径，主要有：农业收入（节约成本、增加产量、农产品涨价、结构调整），来自农村内部二、三产业的收入，进城务工的工资性收入，转移性收入（粮食直补、馈赠），财产性收入（房屋出租、存款利息）。农民的收入来源主体主要是家庭经营性收入和工资性收入，分别占57%和36%。从长远看，解决农民收入问题的出路只有两个：一是提高农业劳动生产率，二是扩大农民的非农业就业机会。

4.1 农民增收的理论基础

4.1.1 资源禀赋论

世界农业现代化的经验证明：在农民增收和贫穷问题方面，一个国家做出有利于农民富裕的制度安排和设计是非常重要的，若是想让农民不贫穷，就要使国家的制度安排和设计必须有利于尊重农民的身份地位和保护农民的土地财产。那么，如何平等地对待农民的身份，如何实现对农民土地权的有效保护和流转，制度设计上则需要国家从二元结构向一元结构的体制变革。农民增收的困难主要和国家确立的二元制度有直接关系。在相同的社会经济环境条件下，经济收入的高低主要取决于生产者所拥有的资源及生产要素的多少。能给农民带来收入的资源和要素不外乎土地和劳动力。但是，目前对中国农民来说，这两种资源及要素或利用难度大，或供给不充足，因而带来的经济收入少。

从土地生产要素方面看，土地面积狭小，土地权益保护不到位。我国农民人均耕地1.3亩，每一个农户经营的耕地大约在8.9亩。如此的资源禀赋条件：第一，农户在规模很小的土地上终年经营，在自己生活所需的农产品扣除后，可以用来交换的商品性农产品数量不多，因而资金收入少。第二，我国农业的现代物质技术装备程度低，农业生产自然灾害频繁，抗御自然风险的能力弱，因而经营风险大，农业经营不稳定，收入相对少；第三，所有权和使用权分离是我国现行的土地管理制度的特点，农民对土地资源占有具有不完全性，因而土地资源很难给农民带来农业生产以外的其他利润。这就使农民在市场体制的调节与竞争中失去了很多获得收入的机会，因而收入增长缓慢。

从劳动力资源方面来看，我国农业劳动力资源充裕，但由于人均占有的农地资源逐年减少，所以在农业内部劳动力很难实现充分就业，这种情况必然促使农民在农村外、农业外寻求就业。乡镇企业近几年由于结构调整和改制，吸纳农村劳动力的人数逐年下降，造成农村剩余劳动力不断增加，就业状况持续恶化。由此可见，建立农民增收的长效机制必须进行制度变迁。一是把保护农田的责任和权利赋予农民，给农民生产提供一个稳定的环境，这样农业才能可持续发展，农民收入的持续增加才有保障。二是要通过发展现代农业来提高农业部门的边际报酬，同时通过城市化、工业化的进一步推进来吸纳农村剩余的劳动力。

4.1.2　公共产品性质论

无论在理论上还是在实践上，许多学者依然把农业作为一个与工业、服务业相并列的产业来看待，用工业经济学的一般原理和基本规律来解释农业的生产与交换。其实，农业不同于其他非农产业，它更多地表现为公共产品性质。我们可以通过以下四个方面进行说明。一是农业产品的消费具有不排他性。像我们沐浴阳光和呼吸空气一样，每个人都有获取食物和维持生命的权利，这种权利在弱肉强食的野蛮社会具有排他性，但在生产力发达的文明社会，食物的消费是不具有排他性的。二是对于农产品的消费具有非竞争性。人们对食物的获得不需要通过竞争的方式，也就是说市场经济的价格机制在此不起作用或者起的作用很小，一个人无法通过抬高价格而使另外一个人的消费数量减少。三是农业产品的提供具有社会性。提供农产品的农业部门，因为生产单位属于不同的利益主体，所以要参与市场竞争，具有明显的排他性，但就总体而言，农产品的供应表现为社会性而非个人性。（1）国家牢牢控制农产品的价格，使农产品的价格从根本上不会出现"物以稀为贵"的现象。当食品供小于求时，国家会采取调拨、进口、限制需求等措施，以此来满足人们的最低生存消费。（2）当农产品供大于求时，农业生产单位也不能像经营其他非农产品那样靠薄利多销获得利润，这主要是由农产品的需求弹性小决定的。如果出现因生产过剩而导致损失，政府通常为了保护农民的生产积极性要进行补贴。正是这样的原因，农产品的提供在本质上是政府行为，因此具有社会性。四是农业具有多功能性。农业不只是"作为产业的农业、作为商品的农产品",而是具有社会功能、经济功能、生态功能等有机结合的综合多功能性的人类活动。农业的社会功能是指农业的生活或社会文化功能,如消除社会的不稳定性和单一性,保持社会的稳定性、永续性、创造性和多样性。农业的经济功能是指提供身心娱乐和社会交流的休闲空间,感受劳动的创造性,提高国民素质的教育功能以及人性回归的体验。农业的生态功能是指农业对生活环境和国土的保护,如土壤保护、涵养水源、净化空气和水质质量等。正是对农业价值多元性的思考,祖田修(日本学者)将农业定义为:"通过保护和活用地域资源,管理和培育有利于人类的生物来实现经济价值、生态价值和生活价值的均衡与和谐的人类的目的性社会活动。"农业价值的多元化和综合性是人类把握农业的公共产品性质理论的重要基础。因此,与其说农业是弱势产业,不如说农业是具有公共性质的产业;说农民是弱势群体,不如说农民是从事公共产品的人却没有享受到相应的待遇。

4.1.3 人力资本约束下的产业空洞论

农民生活在农村,所从事的产业主要是农业,农业原本是一个完整而古老的产业链,而且这一产业链还可以凭借自然生产力而实现产业的发育和进步,从理论上讲,从事农业产业应该获得较高的收入。然而随着社会的发育以及经济的深度运行,农业这一产业链被分割肢解,并且分属于不同的经济利益主体。产前环节(生产资料的供给)属于工业,产后环节(农产品加工、运输、销售服务)属于商业,而农民仅占有农业产业链的中间环节(农产品的生产)。现代经济发展的实践证明,人力资源是国民财富的最终基础。在经济再生产过程中,对人本身的投资是最有价值的。在经济活动中,智力投资的经济效益比较显著,比对物的投资有更高的收益率并且风险较小,但投资的回收期较长。由于农业就业收入普遍低于非农产业的就业收入,因而有技能和文化的农业劳动力大部分转移到非农产业,从而使从事农业生产的劳动者的素质得不到提高,对农业技术的应用和推广带来许多不利影响。从农村人力资源投资水平来看,中国农村居民用于人力资本教育的费用占生活消费总支出的比重很小。以吉林省为例,2007 年全省农村居民平均生活消费总支出费用为3215 元,其中教育消费 610 元,包括教育的学杂费 540 元,占平均生活消费总支出的民 16.8%。这笔支出多为子女未成年人的义务教育开支,而用于成年农民农技培训的开支微乎其微。

近年来,农业资金非农化现象相当普遍。市场经济条件下的趋利行为,使农业资金的流向发生了逆转，支农资金从农业流向第二、三产业，从中西部地区流向东部发达地区。来自农村的大学生毕业后，几乎不愿再回农村从事农业生产活动，因此，农民有限的资金每年都在为二、三产业培养大量的高素质人员。从目前来看，农民收入主要还是来自家庭经营中的农业，而农业资金非农化的存在，使本来有限的农业资金进一步减少，农民享受不到发展农业的回报，再次降低了农民对人力资本开发的积极性。农村中人力资本的投入不足，使现代科技在农业中的普及难度增大，也使许多农民不了解市场供求信息，难以及时根据市场需求来调整产业结构和作物的品种，从而使农民经济收入下降；更为主要的是导致农民对农业产业链占有的不完整性，形成了产业利益获得的空洞。产业空洞的出现对农民收入有重大的影响：第一个影响是使农民收入以第一产业（农业）为主，失去了分享二、三产业（工业、服务业）剩余和利润的机会，或者偶尔参与二、三产业的生产经营分工而获得少量的收入。所以就全国来说，当一、二、三产业获取经济利益不均衡，农业不景气和工农产品价格不合理时，农民的收入就要受到影响。产业空洞对农民收入的另一个影响就是加强了农民收入对市场中农产品供求形势的依赖程度。当农产品价格走低和卖难时，则农民收入减少和收入增长速度下降就会成为必然。

4.2　农民增收的市场载体建设

从某种意义上讲，"三农"问题是小农经济与市场经济相冲突的产物。"三农"问题所引发的社会危机，其实是内在于现代市场经济发展的逻辑之中的，因此，对"三农"问题的把握和认识必须以小农经济与市场经济的矛盾为基本前提。从根本上说，如何在农村社会建立市场经济体制，农民如何以一种平等的市场主体地位参与到市场竞争中去，是解决当前"三农"问题，实现农民增收的关键所在。组织化是现代农业的重要标志之一，同时也是增强农民市场竞争力和促进农民增收的一项重大举措。在这种理论背景下，我国制定了《中华人民共和国农民专业合作社法》并于2007年7月1日起施行。农民专业合作社法的颁布，主要解决了农民以什么样的身份才能有效地参与市场竞争的问题，它明确了农民专业合作经济组织的市场主体地位，从根本上缓解了小农经济与市场经济的矛盾，为促进农民增收提供了有效载体。

4.2.1　组建合作经济组织的原则

（1）维护农民经济利益原则

组建农民专业合作经济组织，必须以家庭承包经营为前提，以维护农民经济利益为原则。家庭联产承包责任制是我国农村的基本经营制度，发展农民专业合作经济组织，不得动摇农民家庭经营的基础地位，不能将农民财产"归大堆"，更不得侵犯农民的经营自主权。必须在维护农民经济利益原则下，按照权利平等、管理民主、进退自由的要求，扶持农民专业合作社加快发展，使之成为引领农民参加国内外市场竞争的现代农业经营组织。①坚持成员以农民为主体，以服务成员为宗旨，谋求全体成员的共同经济利益，充分发挥合作社的功能和作用，把广大农民组织起来，改变分散经营农户的市场弱势地位，引导和带领他们参与国内外市场竞争。②尊重农民的意愿和选择，农民入社、退社自由，不搞强迫命令。③始终坚持农民专业合作社互助互利的本质特性，充分保证全体成员的民主权利和经济利益，使全体成员共同受益。④坚持法律规定的"成员地位平等，实行民主管理"的原则。合作社是民主的"大学校"，在这里，所有成员地位平等，人人都是合作社的主人，人人都是合作社的"老板"，只有多数人同意的事情才能办，合作社决不能被少数人垄断和控制，成为少数人谋取自身经济利益的工具。

（2）因地制宜原则

组建农民专业合作经济组织，必须坚持因地制宜的原则。①紧紧围绕和依托当地的优势资源和主导产业，从不同地区、不同产业的农民具体要求出发，适合办合作社就办合作社，适合办协会就办协会，成熟一个发展一个，不搞形式主义，讲求实效。以农民自办为基础，谁有能力谁牵头，谁愿组织且有实力依托谁。②我国各个地区在经济发展水平、自然条件、文化习俗等方面存在差异，农户的组织能力和市场经济意识不同，地区的产业特点和资源条件也不同。因此，专业合作经济组织的建立、规范和发展应根据不同地区的具体特点，寻求适合本地区的发展模式。尤其在初始阶段，应充分尊重广大农民的意愿，引导他们进行多领域、多形式的互助联合。农民专业合作经济组织在我国发展历程并不长，改革开放后四十年的时间还根本不能达到成熟阶段。正如其他新生事物一样，其发展总要经历发育、成长、成熟、壮大的过程。因此，组建农民专业合作经济组织应该在遵循经济规律的基础上，充分考虑当地的经济社会发展实际，时机未到则需因势利导，时机成熟时及时引导，在发展中寻找或创造机遇，切不可盲目定指标，随意使用行政命令，而要坚持循序渐进、示范引导的原则，不断增强专业合作组织对农民的凝聚力和吸引力。

（3）市场机制运作原则

农民专业合作经济组织对内必须坚持为其成员提供产前、产中、产后等多种形式的服务，不以营利为目的；对外要面向社会，面向市场，要追求经济效益最大化，积极开展力所能及的经营业务、兴办实体等。坚持市场机制运作的原则，就必须明确政府的职责定位。一是政府应为合作社提供有利的外部制度、法律环境，以及公共物品的供给、各个涉农部门的协调等工作，而不应干涉合作社内部的经营活动、合作社资金的调度和合作社领导的任免等事务。二是政府扶持合作社的政策的实施要公开、公正、公平；政府要抑制形象工程，防止权力寻租，规避权力与资本结合以防止形成对农民专业合作经济组织的控制。三是坚持"民办、民管、民受益"的运行模式，不搞行政干预。政府切不可将合作社纳入自己的行政体系，干预合作社的内部事务；应坚持做到扶持而不干预、推动而不强迫、参与而不包办，要更多地运用优惠政策和经济手段扶持、推动、引导合作组织加快发展。四是政府要引导农民参与合作社决策，但不能代替农民决策。德国学者缪恩克勒通过多年来对发展中国家合作社的研究发现，组建合作社的关键是提高农民入社的积极性以及加大合作社内社员的参与度，刚开始时，即使农民的参与度较小也不影响合作社的健康发展。相反，合作社如果由官方主导，不切实际地、人为地促成，其从一开始就失去了自我生存和发展的能力，这种合作社在许多国家均已失败。

4.2.2　健全合作经济组织的政策

尽管农民专业合作社是自助自治的经济组织，但它是一个以弱质产业为基础的弱势组织，离不开政府和社会的支持。在我国农村合作社发展进程中，政府要在政策和制度供给上积极主动地给予扶持，理顺政府与农民合作经济组织的关系。根据合作社"自办、自治、自收益"的基本原则，政府对于合作社的成立和运行不能进行变相干涉和过度干涉。政府在角色定位上，可以总结为：政府不能强化对农村合作社的行政领导和控制，避免自己成为一个粗暴的干涉者；政府应该为合作社的发展提供良好的外部发展环境和各种优惠政策条件，成为促进合作社发展的服务者和扶植者。

（1）加强培育制度，提高专业合作社组织成员的综合素质

农民合作经济组织的人力资源可以分为管理者和社员两大类。对于合作经济组织的管理者，政府必须建立健全各种培训制度以加强对合作社管理者的培育力度，倾力打造合作经济组中的"三种能人"队伍，加强合作经济组织带头人的培养力度。①农业科技带头人。2007 年"中央一号文件"指出，科技进步是突破市场和资源对我国农业双重制约的根本途径。必须着眼增强农业科技自主创新能力，提高科技对农业增长的贡献率，加快农业科技成果转化应用，促进农业集约生产、安全

生产、清洁生产和可持续发展。因此，政府要因地制宜地开展各种形式的农业实用技术培训，以农业从业人员为重点，采用科技入户、专题培训等形式，按专业、分产业，依照农民的需要开展培训，做到科技指导直接到人，大力加强农业科技示范户的示范作用。还可以充分发挥农民专业协会、龙头企业等作用，形成工作合力。提高培训绩效，有计划、有目的地培育出能带头使用和传播先进科技的社员技术员。②合作经济组织的管理带头人。农业随着农民专业合作经济组织的建立开始向企业化经营、向工业化生产转变。农村管理人才的培育越来越重要。要紧紧围绕农民合作组织的经营管理来提高其综合素质。首先是提高其组织协调能力，帮助他们研究把握农村协调组织的特殊规律，明确责任，落实任务，调动各方面社员的积极性，形成合作组织蓬勃发展的合力。其次是提高经营管理能力，要讲求成本核算，学习专业知识，研究市场动态，追求效益最大化。最后是提高其财务管理能力，农业专业合作组织管理的重要内容是财务管理，要规范财务管理制度，加强财务分析，实现农民民主管理、民主理财。③农产品营销带头人。中国历来就有"重农抑商"的思想，重生产轻销售的观念至今还影响着广大社员。必须明确的是，规模有限的合作经济组织与千变万化的大市场的矛盾依然存在。因此，一定要着力打造一支营销人才队伍，围绕农业产业化经营，完善农业专业合作组织的市场销售体系，造就一批能力强、素质高的营销人员，加强专业合作社的市场开拓能力。此外，还要培养农村经纪人队伍，树立诚信意识，完善农村中介组织，健全农村信息网络，充分发挥农村经纪人在发展农村经济中的积极作用。对于参加组织的农户社员要建立长期、有效的培训制度。一方面，要根据市场和企业的需求，按照不同工种和不同行业对从业人员基本技能的要求，实行定向培训，安排培训内容，提高培训的针对性。另一方面，要整合各种教育培训资源，发展农村职业教育和成人教育。加快构建县域农村职业教育和培训网络，发展城乡一体化的中等职业教育。鼓励各类教育培训机构对农民进行职业技能培训，通过教育的方式来培养造就有文化、懂技术、能经营的新型农民。政府还应采取一定的举措来为农民合作经济组织的持续发展储备高技能的人才。如支持、鼓励农民合作经济组织申请国家项目，吸引与农业相关的高等院校和科研院所的大学生走进农民合作经济组织，国家应为高校农林专业的毕业生走向农村制定一定的优惠政策等。

（2）加大对专业合作经济组织的财政信贷支持力度

中国农村金融体系的改革和创新一直受到中央高层的重视，2004—2009年的"中央一号文件"都对改革和创新农村金融体制提出了具体的要求。如深化农村信用社改革，维护和保持县级联社的独立法人地位；积极培育小额信贷组织，鼓励发展信用贷款和联保贷款；逐步在农村形成一个政策性金融、合作金融和商业金融组织互为补充、功能齐备的农村金融体系，尝试建立多种形式的金融贷款担保机制，引导不同金融机构增加对农业的信贷投放。农民专业合作社是金融支持农业的重要有效载体，因此，政府应该尽快制订农民专业合作组织的信贷支持政策，以加大财政支持的力度，鼓励和引导金融部门加强对农民专业合作社提供信贷服务。

第一，明确政策性金融组织支持农民专业合作社的责任，并适当减免金融组织向农民专业合作社提供信贷服务的营业税。通过财政资金的引导，建立包括政策性金融机构、政府财政、担保企业等多方注资的贷款风险准备基金，并完善多方合理分担风险机制的政策措施，鼓励其通过对农民专业合作社直接贷款、支持农民专业合作社兴办村镇银行、支持专业合作社构建信贷平台，以及农村资金互助组织等多种方式拓展业务范围，满足农民专业合作社及其成员的信贷需求。第二，推行低利率。对金融机构向专业合作社及其成员提供贷款实行基准利率，凡是高于基准利率部分由政府财政贴息解决，以解决合作社及其成员因贷款利息过高而农业效益低所产生的生产经营成本太高，进而导致农业竞争力弱、贷款积极性不高、农民还贷能力不强的问题。政府通过财政政策对农村和农业经济提供低息、贴息等优惠政策，降低贷款成本，进而降低农业生产经营成本，这也是国际上通行的工业反哺农业的重要方式。第三，建立多渠道的资金聚集机制。构建农民专业合作社的信贷平台时，需要政策性金融机构注资入股、企业注资入股、合作社注资入股、政府财政注资等多方资金来源的资本聚集机制。即政府不能把农民专业合作社信贷平台的构建全部推向市场，在实行市场化运作的同时，还需要政府财政注资、减免税收等计划措施。第四，畅通金融机构与专业合作社信息渠道。负责指导专业合作经济组织的行政部门切实履行职能，引导专业合作社向金融部门申报优质项目，解决金融部门与专业合作社之间信息不对称的问题，这样既有利于专业合作经济组织及其成员获得需要的贷款，又可以避免因信息不对称而导致信用市场中道德风险的发生。第五，建立奖励机制。凡是向成员提供承贷承还或信贷担保服务的农民专业合作社，政府要在财政上向这些农民专业合作社给予一定的奖励，奖励的资金数量要根据为其成员提供承贷承还或信贷担保服务的规模，以弥补信贷担保服务和提供承贷承还中所发生的运行成本费用及补贴部分的风险金。第六，进行农村金融创新，满足农村经济发展需要。创新金融组织，政府不仅要从政策上允许专业合作社兴办村镇银行和农村资金互助组织，而且还要将专业合作社纳入农村资金互助组织和村镇银行并使其成为主导力量，对这些"民间金融"也要实行减免税收和财政注入资本金的优惠政策。创新金融产品，将农业贷款期由目前的一年延长为三年等，以满足农业项目时间较长的需求；积极探索调整农民专业合作社特点的信贷抵押担保制度，如用动产抵押、用仓单和保单质押，在条件成熟的条件下，尝试着将土地承包经营权、温室大棚、农民住房等列为抵押物，尽快形成适合农村经济特点的多种形式的质押和抵押办法。

（3）建立农业风险化解机制

农业是高风险低效益的弱质产业，客观存在的自然风险、市场风险和转嫁风险经常威胁着农民专业合作经济组织的生存和发展，进而阻碍着农业结构的战略性调整和农业产业化经营的顺利进行。为了提高农户和农业企业抵抗风险的能力，最大限度地保护合作经济组织成员的经济利益、增加农民收入，就必须建立农业风险化解防范机制和风险预警预报制度。在农业保险巨灾风险面前，尽管在我国没有一个保险公司能够单独承受来自农业的风险，但是，如果将整个全国的保险行业联系起来对农业巨灾共同消化，那么，农业的巨灾风险就变得不足为惧了。

首先，根据我国目前保险业现有的状况构建同业分层保险制度。根据唐红祥等学者的研究，我们可以将同业分层保险制度运行机制这样设计：针对每个单一的农业保险巨灾风险，农业风险的资金规模较大致使单个保险公司难以承担，所以必须在整个保险行业里，将巨灾风险的累计保险金额分解开来，设置为若干个层次的保险金额，以此加强对风险的承受能力。处于第一层次的风险承受能力保险金额为第一接受保险公司（第一接受保险公司是指该巨灾风险业务的第一接受保险公司）的自负责任限额，该部分责任限额的大小由第一接受保险公司根据自己的风险承受能力自行决定，超过该责任限额的保险金额部分由其在整个保险行业里进行分保。第二层次的风险承受能力保险金额是第二接受保险公司（第二接受保险公司是指接受第一接受保险公司分保业务的保险公司）的自负责任限额，自负责任限额的大小由第二接受保险公司根据自身的风险承受能力，超过该责任限额的保险金额部分由第一接受保险公司在整个行业里选择其他保险公司进行分保。以此类推，每个保险公司依据自身的经济实力来承担相应的责任限额，这样就形成了一个能够承担巨大风险责任的自动化保险系列网络，如此的保险效果是一般的保险公司所难以做到的。加之，由于防范农业巨灾风险的保险费用在各个不同的保险公司之间进行资金分配，这种多个保险公司联合保险化解农业巨灾风险的模式，既可以在同一保险行业分散农业巨灾风险，又可以彼此拓宽保险业务，提高互相经营的效益。当然设计同业分层保险制度有个前提，就是保险市场的供给主体要达到一定的数量，整个保险行业的赔付能力要足够大。现在我国保险市场有中资保险公司 44 家、外资保险公司 41 家，并且很多保险公司正在进入，这个条件已经具备。截至 2014 年底，中国保险行业总资金已经超过 2 万亿，整个行业的偿付能力足够应付农业保险中的巨灾风险。所以，我国完全可以通过设计同业分层保险制度的途径来化解农业巨灾风险的挑战。

其次，探索设立保障农业保险风险基金。为应对农业保险的巨灾风险，凡是拥有农业保险业务的公司在承保超过一定数量的农业巨灾业务时，除了通过同业分层保险制度设计的保险网络赔付、发行农业保险巨灾风险债券和构建农业再保险机制外，还可成立国家的专门机构分担农业巨灾风险。目前，西方发达国家和国际性组织，已经设立了专门性机构抵抗巨灾，该机构主要由政府、保险公司和行业协会牵头组成联合体，其主要目的就是将分散在社会上的可利用资金聚集起来，以加强防范巨灾风险的力量，维护保险人和被保险人的经济利益。以新西兰为例，1944 年，新西兰地震和战争损失计划涵盖地震和战争风险，该项目的所有资金来源于全国火灾保险业务的税收。1982 年，法国的一个不可保风险计划为不可保风险提供保险，其资金来源是非寿险公司税收。1993 年，安德鲁飓风过后，美国的佛罗里达成立了飓风灾害基金，该基金为佛罗里达州的财产保险公司提供再保险。2002 年，佛罗里达住宅联合保险协会和佛罗里达暴风协会开始合并，成立居民财产保险委员会以应对暴风等巨大灾害。因此，我国完全可以参照国际上应对巨灾风险的成功案例，学习他们的先进管理经验，加强对设立农业保险风险保障基金的筹划，时机成熟时在全国范围内设立农业保险风险保障基金，该基金的筹集可以考虑由国家财政和经营农业保险业务的公司相互筹集，还可以从税收上提供优惠支持等方式筹集，以拓宽该保障金的渠道，增加资金数量。此外，对农业保险巨灾风险业务应从政策上给以扶持，提供再保险，运用市场机制的运作模式分化和承担担农业保险公司的巨灾风险。其运行机制可以像唐红祥学者设计的那样：国内所有农业保险巨灾风险业务承保以后，100% 分保给农业保险风险保障基金，接着由该基金对农业保险巨灾风险业务进行处理，一部分业务分回给直接保险公司，一部分业务分保给其他再保险公司，剩余的业务自留。农业巨灾保险业务的销售、承保和理赔等由直接保险公司承担完成。农业巨灾保险业务既可以附加承保，也可以单独承保，但单独承保的费率应该高于附加承保的费率。目前，安信公司作为我国首家专业农业保险公司已经成立。我国应尽快建立农业保险风险保障基金，因为我国没有哪家公司在现有农业保险经营环境下有办法实现农业保险巨灾风险的自身消化。

再次，建立和完善风险预警预报制度。各级农业、气象、商务等部门要建立和完善风险预警预报制度，加强风险防范。农业部门要加强农业信息网站建设，及时向专业合作组织传递先进科技知识、市场信息、产品质量技术要求，加强病虫害和动植物疫情预报和防治，建立健全农产品认证和市场准入制度，指导专业合作组织开发市场潜力大、经济效益好的农产品，同时加大对农业龙头企业的监管力度。商务及农产品进出口部门要按风险系数大小建立"绿、蓝、紫、黄、红"五级农产品市场风险预警预报制度，及时公布各个国家和地区主要农产品的市场饱和程度、价格走势、质量标准、技术要求。凡呈"绿、蓝色"的区域（产品）为市场需求旺盛、供小于求、风险系数小的可以进入区域（产品）；凡呈"紫色"的区域（产品）为需求基本饱和、供求基本平衡、风险系数较小的准进入区域（产品）；凡呈"黄、红色"的区域（产品）为需求已经饱和、供大于求、风险系数大的区域（产品）。气象部门要加强对灾害性天气的预报，并提高其准确率。此外，还要加强农产品质量安全监测，规避农产品质量风险。各级政府及其职能部门要建立健全农产品质量安全监测体系，实行市场准入制度，加强农产品质量安全监测，从田间到餐桌设立一道道防线，防止有毒、腐烂变质等不合格农产品流入市场，从而规避农产品质量风险，进而维护合作经济组织产品的信誉度。

4.2.3 完善合作经济组织的法律

市场经济是法制经济，农民专业合作经济组织作为新兴市场主体，其行为应得到必要的规范，利益需得到有效的保护，从而使其在法定活动范围内发挥更积极的作用。只有"有法可依"才能做到"有法必依"，依法管理农民合作组织也是各国的共同特征。如德国的组织法、竞争法和基本法以及日本的农业协同合作法等，都对合作经济组织的法律地位、机构设置、管理原则、经营范围、解散等进行了明确规定，从而给合作经济组织的生存与发展提供了重要的法律支持。目前，我国已出台了首部关于农民专业合作经济组织的法律法规——《中华人民共和国农民专业合作社法》，它于2007年7月1日起施行。这可以看作我国合作经济立法的一个里程碑。但由于我国其他的法律法规没有或很少涉及农民合作经济组织的规范问题，现行的有关农民专业合作经济组织的法律法规（包括《中华人民共和国农民专业合作社法》）尚处在凌乱状态，不成体系。在如何对农民专业合作经济组织提供政策支持问题方面，也是仅有条文而缺乏可操作性。由此也使得农民合作经济组织的法人地位模糊，农民合作经济组织与非农合作组织混淆，农民合作经济组织运行机制很不规范。单是登记一项，登记部门就有工商局、民政局、科协及其他农业行政部门等多个部门。因此，加强农民专业合作经济组织的法制建设已经成为政府依法行政和合作经济组织发展的双重需要。只有从法律上明确了合作社的市场主体地位，才能更好地组织农业生产，参与市场竞争，保护农民经济利益。

至今为止，合作社对于整个中国的大部分农民来讲还是个新事物，那么合作社法内容的不够完善就在所难免了。无论如何，这部法律基本规定了与合作社发展相关的从登记到解散的内容，基本参照并符合国际合作社的相关准则；部分内容如合作社组织机构、成员的权利义务等还是较为详细的。至于不完善的地方笔者倾向于马新蕾学者的观点。一是既然对农民专业合作社的确立做了明确具体的法律规定，也就不应该对如行业协会、专业协会等其他形式的农民合作经济组织视而不见，对它们也应及时制定相应法规进行规范。二是金融合作社在农民专业合作社法没有合法的法律地位，主要是因为全国的金融体制改革尚未完成，如果过早地涉及农村合作金融问题，极有可能陷入被动。但农民的资金互助是农民合作的关键一环，将来要适时增加。三是基于农民专业合作社法，根据合作社的发展实际制定有关合作社财务会计制度、合作社登记条例、补偿法、合作社销售法等专项法律法规。解释、修改相关的税法、合同法等法律法规，增补有关农民专业合作社的必要规定。四是农民专业合作社的财务管理问题比较突出，应尽快增加对农民专业合作社内部财务运行的审计内容，保证农民专业合作经济组织财务及早纳入规范。五是建立健全农产品质量标准、土地流转等涉及农民专业合作经济组织发展的相关法律制度，为农民专业合作组织发展清除障碍。

4.3　农民增收的制度创新

4.3.1　生产经营制度创新

产业化经营的道路是农业生产的必然趋势，产业化经营的实质就是要用市场化、工业化的理念发展农业，实行专业化生产、区域化布局、工厂化种植和养殖。这就要求农民要立足农村，走向市场，不仅要作为农业生产主体，而且要成为市场活动主体；要求农村有大批龙头企业和健全的产前、产中、产后服务体系，如生产性公司、流通性经营组织、按农产品分类的行业协会等。从总体上看，我国农业产业经营中龙头企业规模小，数量少，组织化水平低，服务体系不完善。若要增加农民收入，就必须改变这种生产方式，进行生产经营制度的创新，而农村工业化和农业产业化则是这种创新的必然选择。我国现在普遍实行的是"家庭联产承包责任制"，这种经营制度尽管在改革初期极大地调动了农民的积极性，推动了农业经济的超常规发展，创造了世界农业发展史上的奇迹。然而，我们必须清醒地认识到，这种奇迹的发生是建立在改革前农业生产力被制度压迫基础之上的。这种奇迹只能证明家庭联产承包责任制的合理性，而不能证明家庭联产承包责任制的优越性。以家庭为单位的小规模经营方式与农业产业化和农村工业化是根本不相适应的。我国现在的农业生产力和改革初期相比，已经有了很大提高，家庭联产承包责任制应该随着农业生产力的发展而有所变化，以适应生产力发展的新要求。创新农业生产经营制度，就要完善农业产业结构、扩大生产经营范围和农业生产经营规模，以此拉长农业产业链条，使农业真正按市场化的要求进行经营。

4.3.2 财税分配制度创新

我国原有的农村财税分配制度存在诸多缺陷，这种制度造成我国农民负担过重。税费改革前，农民不仅要交纳农业税和农林特产税等各种税收，而且要交纳名目繁多的费。此外，还有诸如集资、出义务工等各种摊派。2000年，《中共中央、国务院关于进行税费改革试点工作的通知》下发后，农民负担开始得到减轻。2004年，国家又开始降低农业税，并决定用三年时间最终取消农业税，农民减负发生了质的变化。现阶段要继续增加农民收入，就必须继续创新我国的财税分配制度。(1) 以建立公共财政体制为目标，将财政主体部分主要用于满足人民群众对公共卫生、社会治安、基础义务教育等基础性公共产品的需要，凡是能够面向市场的建设项目，政府财政都应退出来而通过市场机制运作，该项目由业主来投资建设。(2) 建立健全规范的转移支付制度。转移支付制度又称为基本需求返还制度，只有建立该制度才能使义务和权利、事权和财权相对称。一定要明确划分农村基层政权的事权，这是建立合理科学的农村分税制的基本前提。在明确农村基层政权的事权后，再确定各级政府应得的收入，根据事权确定支出。哪级政府的收入有了缺口，就要通过转移支付加以解决，要坚决纠正只交任务不提供经费、"只给政策不给钱"的做法。不少政策的执行需要有资金保障，尤其是发展公益事业方面的政策更是如此，但现实的情况是，出台政策多支付经费少，甚至只给政策不给钱。这是造成农民负担重、农村基层政权运行成本高的原因之一。因此，社会经济管理应当建立责权利相统一的体制，杜绝上级部门对下级部门的各种摊派以及利益侵害，任何新出台的政策措施，都必须有经费配套，只有如此才能从根本上解决农民减负问题。（3）完善长效税收机制，有效增加农民收入。从西方发达国家的税制演变情况来看，当市场经济发展到一定阶段后，实施一体化的城乡税制就会成为必然的选择。我国经过 40 年的改革开放，基本建立了规范的社会主义市场体制，农业产业化和市场化也在日益发展。同时，国家也建立了以增值税为基础的流转税体系，以个人、企业所得税为基础的所得税体系等体系，一体化的城乡税制基础基本具备。所以，从长远来看，未来的涉农税制应当是城乡统一的税制，以此实现城乡居民税收的公平负担。只有这样，才能真正促进农民增收，缩小城乡收入差距。此外，政府还要明确税收在重大涉农问题上的导向，对农业产业化重点外资企业和龙头企业以及其他所有制性质的农产品加工和深加工企业均实施税收优惠政策，促进农业工业化和产业化，支持鼓励生产要素在城乡之间流动。（4）创新财政支出政策，构建农民增收的长效机制。制订农民收入增加和农村经济发展的长远计划，严格执行财政支农发展资金国家预算，并且使财政支农的过程和各个环节制度化、规范化、透明化，避免因受人为因素和经济形势变化的影响而任意削减财政支农资金。同时，逐步建立增加财政资金对农业的投入机制。以《农业法》为依据，真正实现国家财政逐年对农业总投入的增长幅度高于国家财政经常性收入的增长幅度，确保对农业投入的长期稳定性，尽量规范补贴等短期性支出进而建立规范的财政转移支付制度；不断调整和优化财政支农资金结构，增加支援农村科技、农业生产、农村救济费的三项费的比重，直接增加农民收入。

4.3.3　价格运行机制创新

首先，创新价格约束机制以减负并保障农民增收。近年来，从中央到地方各级党委和政府采取了一系列支农、惠农措施，从税费调减到免交农业税，从提高农业综合生产能力到社会主义新农村建设，切实减轻了农民负担。但是，面对现实我们不难发现，农民子女读书难、看病贵以及农村乱收费问题仍时有发生。减负就是增收，只有真正减轻农民负担，才能彻底增加农民收入。从农民负担调查情况看，要突出减轻农民的医疗服务、教育、建房以及农村乱收费等负担。（1）成立专门机构，减轻农民教育负担。各地政府以相关惠农政策为依据，在本地教育局内部建立专门机构，定期检查监督治理学校乱收费。加强教育收费管理，对那些敢于变相收费、顶风收费，如以"买学习资料、制统一校服、订相关报纸"为名收取不合理费用，或者以其他手段收取农民"自愿"缴纳的"赞助费"的违规学校一定要严肃处理并追究相关责任人。切实解决农民子弟读书难、读书贵问题。（2）加强农村医疗服务价格体系建设，解决农民看病贵问题。笔者在陕西省蒲城县洛滨镇调研中发现，农民的小病或者中小手术，如胆结石手术、小型骨折外科手术等，看病并不难也不十分贵，而且由于中小型医院日益增多且竞争激烈，再加上技术进步等因素，这些看病的费用在部分农村地方还有微降的趋势。但当农民患大病而就医时情况就发生了很大的变化，大型的正规医院存在着医疗条件好、医生技术高等优势，往往是广大患者的首选。但农民由于自身的财力微薄，再加上有限的社会关系，广大农民患者进入这些医院就诊的难度很大，就是托人进入大医院就诊，巨额的医疗费用也往往使他们难以承受。因此，看病难和看病贵是指广大农民患者进正规大医院看病的门难进，在大医院看病的费用难以承受。这样就为一些城市医疗条件差的非正规医院留下了坑害农民患者的机会，使农民的看病问题愈加复杂化。因此，县级政府的卫生部门应根据当地的物价水平及其他医疗条件，针对县级医院或者和县级医院具有同等资质的医院出台单病种限价收费规定，以合理确定价格水平，实行严格收费许可，明确规定收费价差，搞好收费价格公示，强化收费监督检查。要切实加强药品价格管理和农村医疗服务，用价格政策扶持农村合作医疗等卫生体系建设，切实解决农民因病致贫问题。（3）构建监督、制约农资价格上涨的运行机制。全国性农资价格的上涨正在吞噬着国家惠农政策的效应。（第七章第二节将详尽论述，这里不再赘述）。农业的公共产品性质决定了国家不能把农业科技的推广和涉农企业的经营全面推向市场，国家要保证对涉农企业和农业科研的投入，并促进最新的科技成果应用于农业，以降低农民获取农用技术和进行农业生产的成本。如果把化肥等农资最高控制价和粮食的最低保护价落在实处，农民增产不增收的现象就会逐步扭转。

其次，创新价格支撑机制以反哺带动农民增收。要切实改变农村落后面貌，价格部门要始终坚持科学发展观，充分发挥价格调节功能，从价格上实行工业反哺农业、城市支持农村，努力打造新型城乡关系。要制定有利于农村发展的价格政策，大力增加农村投入，促进生产要素向农村聚集。（1）认真贯彻"多予、少取、放活"的方针，为创新价格支撑机制提供财政基础。中央及地方政府要下决心调整国民收入分配格局，扩大公共财政覆盖农村的范围，坚持把社会事业发展和基础设施建设的重点转向农村，把国家财政新增固定资产投资的增量主要用于农村，以逐步加大政府土地出让金用于农村的比重。（2）落实粮食收购最低保护价政策，加强对粮食收购保护价执行的监督与检查，防止压低压价等影响农民增收的现象出现，有条件的地方还可适当提高粮食价格。（3）保障农民对价格政策的知情权。无论是建立价格支撑机制还是创新价格约束机制都离不开农民的参与，农民参与价格机制创新的前提是切实保障农民对价格及政策法律的知情权。因此，创新价格运行机制必须加大宣传相关价格法律的宣传力度。要利用电视、广播、报纸、宣传单等多种媒体向广大农民宣传价格政策法律，让价格政策法律进农村、进农户。

再次，创新价格协调机制以合力推动农民增收。（1）建立价格导向机制，以信息引导农民增收。家庭承包经营以后，分散经营的小生产如何面对千变万化的大市场，为农民提供及时、有效的信息服务显得尤为重要。市场价格信息不仅决定农民生产什么、怎么生产，也决定农民生产的产品能否卖掉、卖个好价钱。从实践看，①以价格信息引导农民调整农产品结构。要扎实搞好特色、优质农产品监测，做好粮棉油、瓜菜果、猪羊兔等主要农产品市场价格信息采集与发布，指导农民面向市场，调优结构，增加收入。②以价格信息指导农民发展高效农业。相关部门要突出抓好农药化肥监测、种子监测和生产成本监测，及时分析主要农产品等市场价格水平和走势，开展农产品成本核算，运用报纸、电台等媒体及时向广大农民发布价格、成本信息，引导农民发展特色、优质、高效农业，增加农民收入。③以价格信息引导农民销售。政府部门要做好农副产品价格监测，定期搜集市场价格信息，因势利导农副产品加工企业、农业龙头企业、农民专业合作组织利用市场价格信息资料，搞好收购、加工、销售，促进农民专业合作组织发展，做大农业龙头企业规模，增加农民收入。（2）优化价格运行机制，为价格服务农民增收创造良好的社会环境。因为农民的弱势性，农村乱收费、乱涨价虽有所好转，但仍时有发生。要确保价格政策、法律法规在农村全面落实，必须协调好物价部门与其他政府部门的关系。①抓好横向联系。定期与监察、教育、卫生、工商等部门开展联合执法综合检查，减轻农民负担，共同维护好农民经济利益。②加强物价部门和政府收费部门的联系。加强沟通、增加了解，形成服务农民增收的共识。③加强乡镇价格监督站建设。该机构要认真开展价格调研，尽力为农民增收出主意、献实招。维护农民的价格权益就必须充分发挥乡镇基层政府的作用。要积极为乡镇价格监督站创造条件，延伸价格服务触角，定期培训乡镇价格监督站人员，努力提高人员素质，明确任务责任，确保促进农民增收的价格政策、法律法规在农村全面落实。

第五章 家庭承包经营是维护农民经济利益的制度基石

5.1 家庭承包经营制是适合我国国情的土地制度

5.1.1 家庭承包经营是农村土地政策的基础

农村土地承包经营权是指农户对承包土地依法占有、使用、收益及处置土地产品、自主经营、土地承包经营权有限流转的结构性权利。其权利构成有三个方面，即承包地长期使用权、生产经营自主权和承包经营流转权。其实质是承包经营的生产组织制度与土地使用权的混合体。其表现为以土地使用权为内容，以农户组织生产为主要形式，以市场价格与计划定购相结合为取向，以合同管理为手段，适合欠发达农业生产力发展的一种经营管理制度和生产组织形式模式。这种权利起源于我国改革开放初期逐步推行的以农村集体土地使用权同所有权分离为核心的家庭联产承包责任制，是在确保公有制前提下，最大限度地优化配置农村土地、技术和劳动力等资源的一种有效方式，是中国农村的一次根本性变革。我国现行的土地管理法、物权法、农村土地承包法等法律都对土地承包经营权有比较详细的规定。特别是于 2007 年 10 月 1 日施行的《中华人民共和国物权法》将土地承包经营权列在用益物权编内，并确定了土地承包经营权的物权性质，这对保护农民经济利益具有划时代的重要意义。

在改革我国土地制度的过程中，国内不少学者主张土地"私有化"，认为应当立即实行农地私有化，以此来推动土地集中和规模经营。此观点源于西方学术界主流提出的"土地私有化＋流转市场化必然导致农业规模经营"的思想，不可否认，这种理论在逻辑上看的确很完整。实践是检验真理的唯一标准，当我们在现实中观察时却发现，几乎所有人口过亿的大型发展中国家，在继承或者采纳西方土地制度后，普遍受制于耕者无其田和城市大量贫民窟化，并由此造成社会动乱。最典型的如印度，印度和中国同属全球最大的发展中国家，印度全国耕地面积和人均耕地面积都多于中国，农业自然条件优于中国。自从推行"土地私有化＋流转市场化必然导致农业规模经营"的思想后，印度一方面出现了全国1/3的农民没有土地，另一方面也出现了农村游击队和城市贫民窟。再看墨西哥和巴西，20世纪90年代以来的资本全球化和北美自由贸易区的问世，加快了墨西哥重新开启土地私有化的进程，结果是众所周知的社会反抗——恰帕斯州长达10年的农民游击战争；国民人均收入一度接近8000美元的巴西，土地私有化后，虽然大农场比比皆是，但巴西出现了全国性的饥饿和大规模的"无地农民运动"，而且几乎每个大城市都有几百万人聚集的大型贫民窟！由此可见，把这种"土地私有化＋流转市场化必然导致农业规模经营"理论逻辑直接套用在发展中国家的"三农"问题上，显然缺乏实践经验根据。就是实现了农业现代化的日本和韩国，也没有简单照搬"土地私有化和市场化"的教条，而是得益于具有自身特色的"日韩模式"——以小农经济为基础的综合性合作社体系：为了依靠小农合作的力量稳定农村社会，坚决阻止任何形式的外部强力资本介入农业和涉农领域，以合作社在涉农领域的经济收益来弥补小农在农业生产领域的不足。

在改革、完善我国农村土地制度方面，笔者坚决反对将土地私有化。这不仅仅是"意识形态"的问题，而是活生生的国情问题，关系到几亿农民的生计、农村的可持续发展和农业稳定，其核心还是中国农民的经济利益问题。有学者一针见血地指出："在人口增加使人地关系高度紧张的国情的矛盾制约下，土地占有权没有向少数人集中的条件。"土地私有化的目的是将土地所有权集中于少数人手，消灭小农经济，以便于提高农业的规模效益。然而土地私有化必须解决两个问题：一是失地农民的出路，即农民的就业问题；二是失地农民的社会保障。假如这两个问题不解决，中国历史上的前车之鉴使得任何一个有责任的政府都不敢贸然推行土地私有化，否则，"天下大乱"绝非危言耸听。正如温铁军所认为的那样：中国农业人口严重过剩，土地已经成为中国农民的社会保障，它不能作为生产资料交给市场处理，而应作为社会最基本的社会保障归农民所有。且不说转移一半农民后土地规模经营有多大，仅目前出现的失地又失业的农民规模就已经令政府寝食不安了。假如说小农经济的解体是中国社会主义市场经济发展不可逾越的必经阶段，那么国情的制约也同样是不可逾越的。正是因为我国政府没有采取或者变相采取"土地私有化和市场化"，才使得我国在工业化和城市化加速发展时期始终没有出现大规模的贫民窟，而且发展中国家仅此一例。鉴于中国人地关系高度紧张，目前这种按人口平均、按户占有产权的土地制度，其主要功能还是维持基本生存所需；同时这种土地制度客观上也成为中国历次经济危机"软着陆"的基础。

因此，目前中国农村的土地承包经营制度，是经过长期实践检验的、符合中国国情的制度。如果没有条件在农业外部的宏观环境上做出重大政策调整，就必须继续坚持家庭承包经营制。

5.1.2 家庭承包经营需要完善与创新

（1）稳定土地承包关系为土地流转提供了基本条件

家庭承包经营制度的实质是一种福利制度，该制度通过让渡土地使用权以维护农民的经济利益，为市场体制下的农民提供了最基本的社会最低生活保障，它是稳定农民心理以确保村社会稳定的最低防线。土地的家庭承包经营，具有土地所有权的分享性质。农民对土地拥有的承包权是拥有土地使用权的关键，这种权利是一种优先权，而不是一般意义的租赁权，它充分体现了土地的集体所有制性质，即只有社区集体内的农民拥有这种优先权，而外来人口尽管可以通过转包等其他合法方式享有土地的使用权，但却不拥有这种长期不变的承包权。从这一意义上讲，土地承包权是土地所有权在乡村集体与承包农户间的一种分割，也就是说，这种土地承包权实际上具有有限所有权的性质。正因为这种土地承包权具有有限所有权的性质，所以必须长期保持稳定，不能随意变更。同时，我们必须在稳定土地承包关系的基础上，允许农户在土地承包期内可以拥有转让、出租、入股和继承土地经营权。这样一来，既满足农民对土地的特殊眷恋之情，实现了农村土地的社会福利保障职能；又可以使农民适度进行土地使用权资本化，通过土地在农户之间的流转实现了经济上的补偿，使转移到二、三产业的农户能放心地让出土地，为土地流转机制的健全打下了基础。同时，这一措施慢慢终结了计划分配土地的传统制度，使新增人口和掌握现代农业科技的劳动力可以通过土地流转市场获取土地，从而使土地使用权的规范流转成为可能。

（2）稳定土地承包关系为土地流转机制的形成提供了平台

发展现代农业，必然要求我国农业走规模化道路、集约化道路，规模化经营，这也是市场经济发展的历史必然，是实现传统农业向现代农业转变不可缺少的条件。在学术界，有学者认为稳定土地承包关系是土地流转的最大障碍。此观点的实质就是把家庭承包经营制度与农业规模经营对立起来了，认为家庭承包就是小规模分散化经营。不可否认的是，我国的家庭经营建立在土地平均分配的基础之上，这种制度确实导致了家庭经营的土地规模细小化，限制了土地规模经营的扩大。但问题的根源不在于实行家庭经营土地制度本身，而在于我国特有的国情——人地矛盾，以及农村劳动力不能大量有效转移。实际中，家庭承包并没有把小规模土地经营固定化，而是为土地流转与规模经营提供了新的平台。从技术手段看，家庭经营形式在过去传统农业阶段取得了成功，且目前部分已经走向现代农业的发达国家仍然采取家庭经营形式。美国目前现有220多万个农场，家庭农场是其经营模式的主体，单个家庭农场平均经营规模达100公顷以上。这也就是说，土地流转机制完全可以在家庭承包经营制主导下的农业规模化经营中形成。其实，土地承包经营权的流转不是今天才出现的，而是在家庭承包经营产生之时便已开始出现萌芽。1978年，通过农村改革，实行了以家庭联产承包为主的责任制，真正确立了农户的市场主体地位。2017年土地承包期确立为30年后，许多农户在承包期内无力耕种，或者由于经营他业的原因不愿包地或少包土地，为解决这一问题个别农户开始对承包地进行转包、转让。这种土地流转现象随着经济的发展不断增加。

5.1.3　土地流转会促进家庭承包经营的稳定

农村土地承包经营权流转是农村经济发展新阶段的主要特征，是一项操作复杂、影响广泛、政策性极强、农民十分敏感的经济活动。在实践过程中必须遵循有关政策法规进行规范化操作。

（1）农村土地承包经营权流转必须遵循的原则

①土地流转必须建立在落实土地延包政策基础上的原则

确保家庭承包经营制度长期稳定是土地使用权流转的基本前提，也是农村土地流转市场发育的制度基础。第一轮土地承包到期后，延长土地承包期30年不变的政策，为农民放手发展农业生产和从事二、三产业经营解除了后顾之忧，为农民可以在不放弃土地承包经营权的前提下，通过土地使用权的流转、提高土地利用率、参与产业化经营而增加收入提供了可能。这是当前农村土地流转出现加快趋势的一个重要原因。因此，土地使用权流转必须要在落实好二轮承包的基础上进行。

②必须坚持依法、自愿、有偿和规范原则

土地流转是伴随当地经济发展实际和土地需求市场的扩大而逐步发展的。土地使用权流转一定不能强行推行，不能用收走农民承包地的办法去搞土地流转，更不能用少数服从多数的"民主"办法强迫农民放弃承包权或改变承包合同。土地承包经营权流转应坚持有偿原则，即农村土地的家庭承包户有权从土地流转中获得合法经济收益，所获得的收益受法律保护，任何组织和个人不得擅自截留和扣缴。

③确保农户在土地使用权流转中的主体地位原则

农户是土地使用权流转的主体，应确保农户在土地使用权流转中的主体地位。在法律规定的承包期内，应确保农户对土地有自主使用权、收益权和流转权。农户有权决定土地流转的形式，任何组织和个人必须尊重农户的意愿，不得强迫农户流转土地，也不得给依法流转土地的农户设置阻碍。土地要不要流转，怎样流转，都应该在"三不得"（不得改变土地集体所有性质；不得改变土地的用途；不得损害农民土地承包权益）的基础上由农民自己决定。

（2）规范的土地流转是对家庭承包经营制度的完善和创新

自从农村改革推行以来，家庭承包经营极大地推动了农村经济的发展，有效地维护了农民的经济利益，这是有目共睹的事实。但随着时间的推移，早期的农村改革对农村经济发展的推动力已释放殆尽。目前，我国的土地家庭承包经营面临着很大挑战。首先，土地条块分割和分散的格局制约了某些农业先进技术的采用和推广，影响了先进劳动手段的采用，使新机械、新技术和各种农田设施的效能不能充分发挥。分散的土地使农民不能规模化经营，这不仅造成农业生产成本大大增加，而且使从事农业的劳动者就不能获得较好的收益。对比国外，发达国家实行农场管理，单个农户可管理几百亩土地，农业生产的各个环节都开始运用机械化运作，节省劳动力的同时也降低了生产成本。而我国低效率的生产方式导致大多数农产品的价格大大高于国际平均水平。随着我国加入 WTO，我国许多农产品由于价格过高面临严峻的挑战，一旦失去保护政策，粮食生产部门将会受到巨大的冲击。其次，随着农村经济的发展和改革的继续深入，大量农村剩余劳动力转向非农产业，非农产业在获取相对高速发展的同时使农村剩余劳动力就业机会大量增加，因此，农民就业呈现出多元化渠道的趋势，越来越多的农民离开土地到城镇发展。这致使本来早已稀缺的土地资源却出现了为数不少的闲置、弃耕或者广种薄收、只种不收的景象。大部分农民宁愿让耕地长满荒草，也不肯放弃依法承包的耕地，而另一些种田能手希望多种土地，却难以如愿。从全国来看，部分地方的土地撂荒现象比较严重，已经从非农产业高度发达的沿海富裕地区，逐步蔓延到非农产业并不发达的粮食主产区，从产出效益低的农田开始蔓延到旱涝保收的高产农田，从季节性撂荒甚至发展到常年撂荒。而有效、合法的土地流转能使土地承包权合理流动，能使有限的耕地资源得到最充分的利用，它克服了现行土地制度的弊端，完善了土地家庭承包经营制度，有利于促进有限的生产要素（土地资源）在市场经营者之间的合理流动，有利于优化土地资源配置，有利于促进农村土地经营规模化、集约化的进程，有利于克服小农家庭经营的局限，有利于促进农村劳动力转移和增加了农民收入。此外，土地流转还有利于促进农业结构的调整，加快农业产业化进程；有利于广泛吸纳各种社会资金投入农业生产和农业的综合开发，促进农业经济的增速发展。从这个意义上讲，土地承包经营权的流转不是对土地家庭承包制度的否定，而是对这一制度的完善与创新。

（3）规范的土地流转可以实现土地资源的优化配置

最初，为了公正、公平地维护农民的经济利益，我国承包土地的数量一般都是按人口比例平均分配土地，具体多少土地因生产小组的实际拥有土地计算。这不仅满足了农户对土地的要求，也符合我国农民不患寡而患不均的心理，更充分尊重了目前农村劳动力非农就业极不顺畅的现实。但随着土地承包期的延长，因人口增减所引起的新的人地矛盾和土地零碎不便耕作的问题日益突出。针对这种情况，部分地方采取了以行政手段为主调整农村土地承包关系的策略，其结果导致土地实际上实现了新一轮的平均。就全国范围而言，除非一直是坚持土地集体经营的农村（全国不到2%的村和不到农地总量的2%的土地），20年间，很少有从未进行过土地调整的。用行政方法进行农地调整，虽然在一定时期缓解了因土地而引起的利益冲突，但这种方法从长远上看，抑制了土地流转市场的正常发育，而且也无法从根本意义上解决目前的人地矛盾。农民家庭一旦有了新的人口，就会期望地方政府通过行政的手段分配给他们土地，而不会自觉地培育土地流转市场。这种以行政手段频繁地调整土地，不仅违背市场规律，而且对土地资源的保护性使用、农户的经营预期和对农民的经济利益的保护都是一种损害，更是对家庭承包制度的侵蚀。频繁地调整土地使土地变得更加细碎，愈加引起农民对土地承包的预期不足，进而动摇农户对家庭承包经营制度的信念。但是，面对人多地少和人地矛盾突出的现实，要彻底消除土地调整的现象是非常困难的。建立农地使用权流转市场是有效克服农地频繁行政性调整的治本之策。以市场为导向是市场经济的显著特点，也是市场机制发挥作用的主要条件，即各种生产要素以市场为导向，可以自由充分地流动。在社会主义市场经济条件下，土地作为一种重要的生产要素必须实现充分自由的流动，这样才能实现土地资源的优化配置和利用效率、增强农业的活力，从而提高农民抵御市场经济风险的能力。

5.1.4　关于土地流转的案例分析

党的十七届三中全会通过的《中共中央关于推进农村改革发展若干重大问题的

决定》指出，在不改变土地集体所有制性质、不改变土地用途、不损害农民土地承包权益的前提下，积极鼓励农民以多种形式流转土地承包经营权，发展多种形式的适度规模经营。从1998年以来，陕西省乾县城关镇南街村围绕农村土地承包经营权流转做出了有益探索，整合了生产要素，促进了规模化经营，对于加快全国农村土地有序规范流转提供了有益启示。

（1）咸阳市乾县城关镇南街村二组土地流转的绩效分析

①土地流转前状况。乾县城关镇南街村二组112户420人，耕地面积为400亩，人均耕地0.95亩。1997年土地二轮承包后，随着市场经济的迅猛发展，商贸流通日趋活跃。南街二组隶属城关镇，地处乾县县城南，占有得天独厚的商贸地域优势。加之国家的产业性调整和政策调控因素的影响，大部分农民已失去了家庭联产承包责任制刚实行时经营土地的积极性，同时弃农经商从事非农产业，导致本村土地种植面积缩减，甚至出现撂荒、弃耕现象。因此，如何盘活该村土地使其高效合理利用，已成为该村当时一个非常重要的问题。而少数有农作技术却又没有经商特长的农户，土地少，无法进行规模化经营，更谈不上进行现代农业生产，土地利用率不高，造成了人力、物力、财力的极大浪费。

②土地流转措施。针对上述情况，1999年南街村委会经过多次讨论研究，按照国家土地二轮承包30年不变的政策，提出了"实行土地有序流转"的方案，并从南街二组全面试点。首先，村上把各户愿意流转的零散土地登记造册，通过调地、互换调整为集中连片。其次，由村委会与农民签订土地流转合同，按照土地优劣以每年每亩300~500斤小麦的价值（时值价格）为租金，把农户手中的土地经营权有偿转让给村集体，再由村委会以同等条件转包给有经验、懂技术的崔悟性等5户群众。全组共流转土地376亩，流转率占94%。其中本组村民崔悟性承包土地136亩，发展苹果、红仙桃生产；村民吴峰承包土地64亩，发展红仙桃生产；村民高小荣承包土地126亩，发展苹果、酥梨生产；村民袁新平和付斌斌承包50亩土地发展苗木花卉，并进行花卉出租。村两委会一班人负责监督承包户如期给承租户群众兑付租金。

③土地流转后效果。目前，南街村二组的群众从事农耕种植的5户，经商办厂的26户，从事个体经营的53户，其他的外出务工或从事其他行业。2007年，该组全年总产值达530万元，人均纯收入超过1万元，尤其是5户种植户户均纯收入达7.8万元以上，实现了种地与经商共赢。

④土地流转作用。从流转土地的经营状况看，其作用主要有：一是生产要素得

到优化组合。土地流转，让种田能手种地，懂商的经商，其他富余劳力发展二、三产业，大家各尽所能，用其所长，发挥了最大的经济效能。一方面种田能手承担着全组的土地耕种，节约了大量的劳动力。另一方面流转土地的群众摆脱了土地束缚，在坐享"红利"的同时，腾出时间，从事多种经营。全组经商办厂和从事个体经营的达79户，占总户数的70%，外出务工76人。二是调动了农民发展农业的积极性，加大了农业投入。土地流转，使原来仅有2~3亩土地的农户拥有了几十亩或上百亩的土地，激发了他们发展农业的积极性，愿意加大投入，规模化发展。南街村二组5户种植群众联合成立了"果业协会"，并建成大型果品储存库一座；合资购买了专用打药机和其他机械。村民崔悟性投资5万多元，修复村上原有的废弃水井2个和被损坏的渠道500米，新修渠道300米，埋设地下暗管700米，用于灌溉，农业基础设施得到了有效加强，并发挥重要作用。三是农业科技投入量加大，产业结构不断优化。土地流转，把土地集中起来连片作业，便于农业高科技的推广实施和产业结构的优化。南街村二组聘请西北农林科技大学教授吴航定期为5户农民进行技术讲座、培训与指导，并为他们成立了农业科技小组，帮助推广优良品种，及时预报农作物病情及防治措施。5户农民打破了单纯种植小麦、玉米等传统作物的产业格局，发展优质果品栽植和"速生杨"等经济林木以及苗木花卉种植，形成了农业多元化生产，实现了土地集约化经营和可持续性、良性发展。目前，该组栽植优良品种苹果、红仙桃和酥梨226亩，发展"速生杨"栽植100亩。四是增加了农业抵御自然风险和市场风险的能力。由于土地流转满足了农业生产适度集中、集约规模经营的条件，生产成本下降，增加了抵御自然风险和市场风险的能力。南街村二组成立的农业科技小组和果业协会，定期对果农进行果树抗病防病指导，推广果园管理新科技，提供销售信息等服务，同时给农业加入保险，每遇到重大自然灾害，帮助农户保险理赔，真正使农民从传统农业中解放出来。五是增加了农民收入。农村土地流转，既能让农村劳动力放心转移，解决了"一心挂两头"的矛盾，又拓宽了农民增收致富的渠道，破解了农民增收的难题。一方面增加了农民的固定收入，多数流转的耕地每亩年转让金约为500至600元，农户不投入资金、劳力、技术、不受自然灾害影响，就可得到较为稳定的收入；另一方面，也使一些缺乏技术、不能外出打工的妇女和老年劳动力就地务工获取务工收入。土地流转实施九年来，二组群众的收入增长速度远远高于其他各组，2007年全组人均纯收入过万元，是全县农民人均纯收入的2.7倍。

（2）咸阳市乾县城关镇南街村二组土地流转后的启示

①加快土地流转是维护农民经济利益的根本前提。农业机械化既是农村先进生产力的代表，又是农业现代化的重要标志，机械化程度的高低反映了农业现代化水平。传统的人工作业生产方式，生产效率低，生产成本高，经济效益低，不适应现代农业的发展要求；只有依靠先进的农业机械化技术，才能提高生产率，降低作业成本，提高经济效益。目前小规模分散经营土地的方式，不利于现代化大型农业机械作用的发挥，制约了农民经济利益的提高，这就对我们提出了一个新课题。如何破解这一难题，南街村的经验告诉我们：必须实施农村集体土地承包经营权流转，实现土地经营集约化，为农业机械化提供发挥更大作用的舞台；同时，农业机械化可以为土地规模经营提供重要的物质保障和技术支撑，确保土地流转后的经营效益，进而提高农民的经济利益。

②土地集约化经营是提高农民经济利益的必然要求。改革开放四十年来，以家庭联产承包责任制为基础的农村经济体制改革，适应我国农村生产力发展水平和农村生产关系变革要求，使广大农民获得了生产经营的自主权，极大地调动了农民的生产积极性，为农村经济发展注入了生机和活力，使农村生产力得到迅速提高，和过去比，农民经济利益得到了实现和很大幅度的提高。但是，随着农村改革的不断深入，现代农业的发展对农村生产关系和经营模式提出了更高的要求，土地规模经营成为农村工作中一个值得探讨与研究的新课题。党中央于2002年下发《中共中央关于做好农户承包地使用权流转工作的通知》，十七大和十七届三中全会对推进土地承包经营权合理流转和土地适度规模经营提出了明确要求，为农村改革指明了方向。南街村二组的做法充分证明了推进土地承包经营权合理流转，进行土地集约化经营，是提高农民经济利益的必然要求。

③实行土地集约经营是发展农民经济利益的主要途径。经过改革开放40年的发展，非农收入在提高农民经济利益方面具有举足轻重的作用。农村经济发展本身对各种生产要素的配置提出了新的要求。一方面，外出务工使大批农村劳动力向非农产业转移，出现了农民工的增多和农村劳动力减少的状况，严重影响了农业生产发展和粮食生产安全，加快土地流转，实行土地规模经营成为必然；另一方面，土地流转后实现土地规模经营，农业生产效率和经济效益将会大幅度提高，可以节约大量农村劳动力。南街村二组的做法正是适应了这一发展规律。在地处城郊的情况下，80%的村民外出打工，出现了土地撂荒现象。在这种情况下，村委会与部分农户签订了土地流转合同，把农民的土地转包来，保证了农民最基本的经济利益，使

农民不再种地打工两头忙，更多的农村劳动力转向二、三产业。由此可以看到，加快土地流转可以促进农村剩余劳动力的转移，使专门务农的农民和外出打工的农民的经济利益都得到不同程度的提高。

④加快土地流转、推进集约经营离不开政府的政策引导和资金扶持。推进土地承包经营权流转、发展土地集约经营是经济社会发展到一定阶段的必然选择，大范围的土地规模经营完全依靠农民之间自发的土地流转不可能实现，各级政府和相关部门应形成合力，在制定政策、重点扶持、正确引导等方面发挥重要作用，在大力宣传土地规模经营先进典型的同时，积极为土地规模经营者提供信息、科技、资金等方面的服务，为土地规模经营创造良好的发展环境。农村基层组织必须以保证农民经济利益为前提，推进土地承包经营权流转、发展土地集约经营。第一，规范的政府引导和监督是做好土地流转的基础。土地流转是关系到农业生产基本方式和广大农民经济利益能否实现的一件大事，要确保执行政策不走样变调，要确保土地农业用途不改变。基层政府特别是乡镇政府和村级组织要出面制定适合本地实际的工作思路，为群众搭建土地流转的平台，规范流转程序，把流转工作置于组织有效监督之下。第二，保障农民土地经营权流转后的经济利益是土地流转的关键。农民能从土地流转中获得一定的经济利益是他们愿意参与流转的根本动因，是土地流转关系长期稳定的根本保证。因此，要把维护好、实现好农民经济利益作为确保流转成功的关键来抓，不断完善制度。合同的内容要充分体现出维护农民经济利益的倾向，必要时，可根据农产品价格的变动和土地收益的增长，由政府出面及时调整土地租金标准，督促承包方履行合同，及时给群众兑现。

（3）咸阳市乾县城关镇南街村二组土地流转中存在的问题

①农村保障体系不全、基层干部认识不足是制约土地流转的主要原因。一是农村的养老、医疗、社会救助等社会保障体系不健全，农民主要还是依靠土地收入解决看病、上学、养老等问题，对广大农民来说，土地具有保障功能，是他们的"命根子"。加之农民对农村土地所有权、承包权、经营权的关系认识不到位，怕土地承包经营权流转后成为"失地、失业、失去生活来源"的三无人员。因此，农民普遍把土地作为最基本的生活保障来看待，对于流转土地存在后顾之忧。二是农民对基层干部缺乏信任感。目前咸阳市大部分农村的土地流转多是在没有政府参与的情况下自发进行的。基层干部对土地流转的作用认识不足也是制约土地流转的原因之一。由于在土地流转的过程中，缺乏基层政府有效的组织和引导，至今没有规范的政策指导，更没有明确具体的部门规范管理，土地流转尚处于无序状况。

②规范化管理的缺失使土地流转后容易产生矛盾。由于《土地管理法》对农村土地流转尚无具体明确规定，国家、省、市只有指导性文件，没有具体的部门去组织管理，导致土地流转的管理欠规范。主要表现：流转双方忽视必要的法律手续；交易监督滞后，集体"暗箱操作"仍有发生；流转服务体系欠完善，流转的档案、信息、价格都没有规范建立；利益保障还比较乏力，一些流转土地的经营者希望进一步获取宽松环境，希望政府支持他们发展。农户间的流转大多为口头协议，缺乏契约约束，矛盾纠纷日趋增多。这些情况都制约了土地的有效流转。加之又没有引入农业保险机制。虽然农业生产相对稳定，但一旦遇到风雪霜雹等严重自然灾害，承包户的收益受损，承租户的经济利益受损也在所难免。

5.2　集约经营是土地资源利用的必然趋势

5.2.1　土地集约经营及其评价标准

从形式上，农业经营可区分为粗放经营和集约经营。土地是进行农业生产的主要生产资料，以土地为例进行说明，在一定土地上，投入较少的劳动和生产资料，广种薄收，粗耕简作，就是粗放经营。若在一定的土地上，集中投入较多的劳动和生产资料，应用先进的科学技术进行精耕细作，极力提高单位面积收益或产量，便叫集约经营。在粗放经营环境下，先进生产手段如农业机械装备和农业科学技术等没有被应用，主要生产要素是土地和人力劳动，扩大土地面积是增加农产品产量主要途径，因而农业自然资源的产出率、利用率都是很低的，在经济上，这是一种严重的浪费。而在集约经营条件下，农业机械装备和农业科学技术得到了比较广泛的应用，大多数生产要素的潜力得到不同程度的激发，增加农产品产量主要是借助于物化劳动和活劳动。尤其是随着物化劳动的追加，借助于先进生产手段和农业科学技术的应用，对土地等农业自然资源利用的广度、深度空前提高，降低了单位产品的生产成本，土地资源的生产率不断提高。

列宁评价农业经营集约水平的最主要和最准确的指标是单位土地面积上所摊得的基本生产资料的价值。但是，在具体分析农业经营集约化的各项标准时，实际生活中，往往把单位土地面积上摊得的某些重要生产资料数量，看作衡量集约水平的指标，如单位土地面积上所摊得的役畜头数、机械马力、肥料数量、良种播种面积、水浇地面积等占耕地面积的比重。为了更为客观地反映农业集约水平，可以用土地单位面积上所投入的生产成本这个指标。此外，单位土地面积上的优良作物品种、经济作物的比重、复种指数所占的比重等间接指标，也能在一定程度上从某一方面说明集约化的发展水平。我们之所以选用不同的指标论证农业集约经营的水平，其最终目的在于分析农业集约经营各项指标的经济效益。分析农业集约经营经济效益的方法，就是把实现集约化所取得的成果和表示集约水平的指标加以对比，既把投放的活劳动和物化劳动同生产成果加以对比。一般情况下，反映农村家庭分散经营的经济效益的指标有：一是土地生产率，这应该是衡量农业集约经营经济效益的首要指标；二是单位农业产出的生产成本；三是单位资金的产出率，即用一定量资金的投入所取得的纯收入、产值、净产值等来表示。这些都是衡量农业集约经营经济效益的重要指标，而且在商品货币关系越来越发达的农村社区。这些指标的重要意义也愈来愈明显。我们对农业集约经营经济效益的分析研究，目的是为了让农业经营者知道追加投资的适合度、投资的方向以及投资的构成，以便用较少的投入取得较多的经济效益。但是，我们必须把这些指标结合起来，综合分析，才能得出各种不同集约经营的经济效益，在此基础上为集约经营的进一步提高找出确切的途径。

5.2.2　加速土地流转的必要性分析

土地作为一种重要的生产要素，只有实现合理流动，才能提高其利用效率，因此，合理流转就是土地这一生产要素的重要性质，而土地集约化经营又是当前土地流转的重要形式。所谓土地集约化经营，指在农村土地流转过程中，在农业土地性质和土地所有权归属不变的情况下，将土地经营权从承包权中分离出来，转移给专门经营者或其他农户集中经营。其实质就是把农村土地的集体所有权、农户承包权和农户经营权进行"三权分离"，也就是明确所有权、稳定承包权、激活经营权。在所有权和承包权不变的基础上，搞活土地经营形式，从而实现土地的合理有序流转与经营。在尊重农户自愿的前提下，变过去的"小农户"分散经营为"大农户"集中经营。农业经营形式依照市场价值规律，坚持有偿流转，以便最大限度地达到土地连片、集中、高效利用。现阶段，我国的土地已在很大程度上难以满足经济社会发展的需要，土地资源"瓶颈"效应日益明显。如果继续沿袭过去的土地利用方式，土地资源现在具有的保障和支撑经济社会持续发展的功能将难以维系，我国经济发展也很快就会陷入土地利用的"马尔萨斯陷阱"。在土地后备资源极其有限而"开源"前景并不乐观的条件下，亟需更新土地利用观念，改变土地利用外延扩张的一贯做法，转向内涵挖潜，提高土地使用的集约化程度，这也符合土地资源集约利用的客观规律。生产过程就是将一定数量的资本和劳动等可变要素按照一定比例投入到固定要素——土地当中，以期用较少的成本获得最大的收益。由于产出效益与投入成本及其组合间存在特定比例关系，因而，当我们希望获得同样或更好产出效果而又面临土地资源匮乏时，我们可以增加其他要素的投入数量来弥补组合结构中土地要素数量的不足——这正是土地资源集约利用的立足处和出发点。在社会经济发展过程中，主要生产要素如土地、劳动力和资本紧缺状况的相互变化，决定了土地资源利用必须从粗放型走向集约型转变。以土地和资本为例，我们可以看出土地资源利用集约程度表现出非常清晰的规律：在工业化起步时期，资本较为短缺，土地资源利用者倾向于用土地来替代资本，土地资源利用的粗放模式此时在所难免；工业化中后期，资本短缺问题基本得到缓解，但土地供应的数量已不像之前那样充足，尽管现阶段建设用地呈现快速增长趋势，但土地供需形势已经发生很大变化，土地资源利用方式从粗放型向集约型演变；进入工业化后期，资本已经相当充裕而土地稀缺问题日益加剧，在土地与资本边际费用的考虑之下，土地资源利用者开始以资本替代土地，土地资源利用的集约程度明显提高；进入后工业化时期，服务业成为社会上主导产业，服务业对土地区位条件的要求非常苛刻，通常会选择人口密集而土地价格较高的都市区，土地资源利用变得更加集约。

5.2.3 土地集约化经营的绩效分析

首先，土地集约化经营能促进农村市场经济的发展，进而实现农民的经济利益。改革开放以来，实行家庭联产承包责任制，农村土地经营权从集体的所有权中分离出来，曾极大促进了农业和农村经济的发展。但是，近年来随着我国市场经济体系的逐渐完善，农村土地小规模分散经营的弊端日益显现，具体表现为农产品科技含量低、品质低下、缺乏市场竞争力等。许多农产品越来越不能适应市场化要求，很难体现规模效益，农民的经济利益日益受损。从某种意义上讲，这是对土地资源的一种浪费。土地集约化模式可以实现田间管理、土地投入、产品经销等诸多环节的高效统一，保证了土地资源的高质量、高效能利用。其次，土地集约化经营是发展现代农业的客观要求。2007 年，"中央一号文件"明确指出："加强三农工作，积极发展现代农业，扎实推进社会主义新农村建设是构建社会主义和谐社会的必然要求，是加快社会主义建设的重要任务。"土地集约化经营最突出的特点就是把现代耕作理念植入农村土地经营过程，提升农产品的市场竞争力，提高农业效益，使土地资源利用发挥最大的增值效应。因此，土地集约化经营顺应了我国农村经济发展的趋势，是提高农业劳动生产率和土地综合产出率的必然选择选择，更是解决农民增收问题的重要举措。再次，土地集约化经营是农村经济结构调整的必要选择。发展现代农业走信息化、市场化和产业化道路是农村经济结构调整的大方向。土地集约化经营为农村农作物集中连片规模化的种植提供了条件，同时也为广大农村农民经纪人和各种新经济组织供货合同的连续性、业务流量的扩大化提供了可能。最后，土地集约化经营是城镇化进程的必然产物。随着我国经济社会以及各项事业的快速发展，城镇化已成为不可阻挡的社会发展潮流。中心城镇集聚着越来越多的生产要素，土地集约化经营正是在城镇化的基础上农村土地合理流转经营的最佳途径。广大农民可以在土地所有权未改变的前提下，全身心投入到其他非农产业的开发中，多渠道创收增收，切实改变自身家庭的生产生活条件。

5.3　推进农村土地集约经营的途径

5.3.1　改革开放以来土地承包经营权流转的状况

前文已经论述过，土地承包经营权流转是土地经营制度的创新，实施土地集约经营，能够把细碎的土地合法、有效流转到专业种植大户手中，专业种植大户又返聘农户务工，而农户在获得土地租金的同时又获取务工酬劳。因此，土地承包经营权流转在提高农民经济利益方面具有"突破性"的作用。目前，城镇居民把自己拥有的财产通过各种途径进行再投资，以获取更多的经济效益，而农民却没有财富积累和投资渠道来获得更多的经济利益。土地是农民最重要的生产和生活资料，但并没有随着工业化和城市化浪潮为农民带来更多的经济效益。党的十七届三中全会的精神实质是借助农村土地"流转"使实际掌握在农民手中的"土地"变成"资本"流动起来，并让 7.5 亿农民享受土地作为资本要素的收益，这也是解决我国广大农民资本原始积累的新途径。许多地方遵循"依法、自愿、有偿"的原则，积极采取措施促进农村土地经营权流转，使农民获取了可观的经济利益。

（1）土地承包经营权流转可行性分析

以家庭承包经营为基础、统分结合的双层经营体制是我国农村的基本经济制度。这种经营体制，在充分调动农民生产积极性的同时，也形成了一种农民双向流动的就业机制，城里有就业机会就到城里来打工挣钱，城里没有挣钱的机会或者农忙了就回乡种地。但是，随着乡村型农业社会向城市型工业社会转型，农民向城市或其他非农产业的流动性加剧，农民对土地的依附性在逐步减弱，加之其他社会因素的综合作用，土地经营权规模化流转已成为一种趋势。

首先，农村从事非农产业的人数日益增多，提供了一大片可供流转的土地。在温饱问题完全得到解决而农业比较效益还相对较低的情况下，农民已不再满足于种几亩农田、造几处山林，而是发展多种经营，寻找多种致富渠道。有技能的农户便逐步从第一产业中解放出来，向二、三产业转移。据统计，就全国来看，现在有农村户口的农民有9亿多，但真正长期在农村或者定期居住的大约有7.5亿。在那些集体经济为空白的乡村，青壮年劳力几乎全部外出务工。经过多年来的打拼，一大批有现代技能和经济头脑的农民在城镇已基本站稳脚跟，土地的收益已经无法再把他们留在农村，他们对土地的依赖逐步减弱，为了避免耕地荒芜，他们非常愿意把自己的土地经营权流转出来。

其次，农村生产力的提高，为土地规模化经营提供了可能。以家庭承包经营为基础的土地零星经营，不利于整合资源，缩小了土地经营规模。随着农业科技的广泛应用，机械化耕作水平日益提高，农业农村经济结构的调整不断深入，专业农户和农业企业迫切要求打破所有制界限、身份界限、区域界限，实行农村土地经营权的规模化流转，以实现集约化经营、规模化经营，获取规模化效益。

最后，农业龙头企业的建立为土地承包经营权的流转奠定了基础。农业龙头企业是农业产业化经营的"火车头"，对农业产业化的推进起到了非常重要的作用。在龙头企业的带领下，农产品基地建设得到不断加强，并朝规模化、专业化、区域化方向发展。规模化的农产品基地保证了龙头企业的原料供应，也促进了农村土地经营权的流转。基地建设在维护农民经济利益的同时，大大促进了农业产业结构调整，提高了农业产业化水平。此外，股份制合作经济为土地经营权的有效流转也提供了新途径。股份制合作经济是一种在农户自愿的原则下，以农户责任承包田经营权的一部分或全部作为股份而发展起来的合作制经济。

（2）农村土地承包经营权流转特点

从实行家庭承包责任制开始，土地承包经营权流转就已经发生，但初期的流转数量少、规模小、范围窄，而且比较分散。实行第二轮土地承包之后，随着土地承包30年不变政策的落实以及农村经济结构的调整，加上农村劳动力的转移，农村土地承包经营权流转速度明显加快，但覆盖率仍然不高。自20世纪80年代后期以来，农户承包地流转面积占承包地面积的比例基本保持在1%~8%之间，沿海发达地区的流转比例较高，有的甚至达30%以上，落后的内地则较低。总的来看，全国各地都不同程度地注重并加强了土地流转的管理和服务工作，目前全国农村土地流转情况总体健康平稳，但土地流转不规范的问题依然比较严重。存在的问题主要有：一是农户间的土地流转大多以口头协议的形式运作，增加了纠纷隐患。二是行政手段强迫农民流转承包土地的问题仍比较突出。三是个别地区借土地流转任意改变土地农业用途，甚至将流转的土地用于非农领域，谋取他利。四是大规模流转的农耕地很少用于种植粮食。

现阶段，农村土地承包经营权流转的特点主要有以下几个方面：一是土地流入主体开始变化。土地流入主体逐渐向涉农企业和农民合作经济组织发展，初始阶段的土地流转的流出方和流入方都是农民，农民合作经济组织和涉农企业到农村租地建设的项目明显增多。所以用于土地流转的土地，过去以种植业为主，现在慢慢向农业精加工和养殖业延伸的趋势明显。二是土地流转在集体主导下进行。土地流转有两种基本方式：农户流转和集体流转。其中土地流转以集体主导的情况居多。三是侵害农民经济利益的行为在土地流转中时有发生。我国法律规定农村土地归集体所有，但不同地方的条例对"集体"的界定有所差异，划分层次不一致，导致土地所有权主体多样化、权属不明确，致使现实中侵害农民土地权益的事情时有发生。部分地方政府为了所谓的"政绩"随意改变土地承包关系，甚至强迫农民进行土地流转，侵犯了农民的承包经营权；还有部分政府把土地流转作为增加地方财政收入的重要来源，以种种手段与农民争利，严重损害了农民的经济利益；许多乡镇为了更多地招商引资以降低开发成本，以土地流转之名，任意改变土地的农业用途，并强制农户长时间地低价出让土地经营权。土地流转出现的种种异化，离背了土地流转的基本原则，其实质是对农民财产的掠夺和农民权益的侵犯。四是土地承包经营权流转渠道不畅通。土地承包法规定，土地承包经营权以转让方式流转的，应当经发包方同意；采取出租、转包、互换或其他方式流转土地的，应报发包方备案。但土地流转政策在实施时，却曲解为土地承包经营权流转必须经发包方批准，或三分之二以上集体成员同意，致使土地流转不畅；不规范的土地承包经营权流转导致大量矛盾出现，农户不敢轻易流转。

5.3.2　土地承包经营权流转的制约因素

（1）产权不清晰是制约土地流转的根本原因

目前，农民的土地承包经营权是一种有限的所有权，即不完整的产权，因而土地的有偿流转没有产权基础。尽管历经30多年家庭承包责任制的制度变迁，农民的承包经营权在土地占有、使用、收益等方面得到充分尊重，但是土地使用权却从来没有完全真正地赋予农民。法律规定农村土地归农民集体所有，但在农村集体所有制下，谁真正拥有土地产权，在实际运行中很不明晰，土地产权制度的缺陷，已成为土地流转不畅的根源。在农民个体日益分化的条件下，如果要使农村土地制度变迁实现显著的效率优化，就必然要求有来自外部的强大的权力资源对制度变迁的过程和目标予以引导，建立效率优先、保障农民经济利益的土地财产制度。因此，政府需要在基本土地制度上进一步界定农民的土地权利，赋予农民较为完整的土地产权，使农户依法享有占有、使用、收益、处分四权统一的承包经营权。只有有了完整的承包经营权，才能建立土地使用权流转的市场机制，进而提高农村土地的利用效率。同时，在稳定家庭承包经营制度的前提下，建议改定期承包制为永包制，明确界定农民土地承包权的性质和内容。比如，农户一直缺乏土地的抵押权和租赁权，并且明确规定只有集体经济组织的农户才能享有集体内部同等的土地承包经营权，这就是土地承包经营权具有相对封闭性的特点。不清晰土地产权制度的存在使农民没有处分权，在部分地区，农村人口的变化几乎三年五年就要在本农村小组范围内进行土地的微调，这也是农村中土地不能充分流转的原因。

（2）农村社会保障体系残缺是制约土地流转的具体原因

长期以来，土地是农民生存和就业的基本保障，时至今日，这种保障形式也没有从根本上改变。虽然，近年来农民就业对土地的依赖性有所降低，甚至有些农村还出现了土地抛荒现象，但总体而言，农民的就业岗位不稳定，就业渠道也不是很多。同时，农民文化素质偏低，转移就业的能力较差，并且据相关部门人员调查，农民普遍反映目前针对农民的就业指导、职业培训、维权服务等机制还不完善，因此要通过在城市和非农产业打工取得比经营土地更稳的经济收益，难度仍然较大。加之农村社会保障发展的滞后性，农村的医疗、养老、社会救助等社会保障体系不健全，大部分农民主要还是依靠土地收入解决家庭成员看病、子女上学、家庭养老等问题，他们普遍把土地看作最基本的生活保障，对于土地流转始终存在后顾之忧。特别是部分年龄较大的农民，尽管他们已经没有能力和精力经营好承包地，但宁肯粗放经营也不愿将土地流转出去。

（3）中介服务组织的缺乏是制约土地流转的关键原因

随着农村社会生产力水平的提高以及城乡二、三产业的持续发展，进入市场的土地数量将会进一步增加，建立健全土地使用权的市场化流动机制是农村土地制度变迁的必然趋势，而完善的中介服务组织则是建立土地使用权市场化流动机制的关键。中介服务组织在农地的需求主体和供给主体之间起媒介和桥梁作用。从目前看，这些中介机构在农村还很缺乏，使得土地流转仅仅局限于一个乡村的范围之内，土地流转的供需双方也在极度受限的狭小范围内进行调整、选择。这在很大程度上延缓了土地流转的速度和数量，同时也使土地承包经营权的流转缺少效益和效率。由于中介机构缺乏，土地的流转出现三个不利因素。第一，土地流转信息渠道不畅通导致供需信息不明确，土地的提供方和需求方的信息不能及时沟通，以致出现"要租的租不到，要转的转不出去"这一矛盾，因此难以形成高效的土地流转。第二，缺乏相应的土地价格评价机构。对于土地权益的合理价值评估是土地流转的一个重要过程，但是这一中介服务组织的缺乏使土地流转的不透明度加大。第三，导致土地金融市场的缺失。在市场机制之下，土地作为一种稀缺的生产要素，土地的集约经营所需要的运作资金是单独的社会个体所不能承担的。

（4）相关土地法规宣传的滞后性也是影响土地流转的主要原因

曾就蒲城县在陕西全省乃至全国都是有名的早熟大棚西瓜生产区，西瓜种植主要集中在县城东南的 15 公里处的铃耳、龙池、龙阳等三个乡镇。龙阳镇无论在种植规模还是在经济效益中都远远走在其他两个乡镇之前。望溪村是龙阳镇的一个自然村，位于镇街道北边一公里处，地势平坦、土地肥沃、交通便利。该村村民经过十年来已经积累了丰富的栽培大棚西瓜的经验。并且大棚西瓜已经成为该村的支柱产业，种植西瓜是一个集约性极强的产业，高投入、高技术、高收益。本村村民户平均种植西瓜 8 ~ 10 亩左右，年纯收入在 3 万~ 8 万元不等。土地流转情况：农户由于种植西瓜急需把自己零散的土地集中起来，但经过调查发现，该村想把土地经过流转集中起来是非常困难的。只有个别的农户因为有两处的耕地都是相邻的，这样才能互换耕地而实现流转，这种比率在调查的农户中仅占 2.5%。因此，广大农户都把土地流转希望寄于村委会或者乡镇政府；调查户中，对《农村土地承包法》没听说的有 30 户，占调查户的 60%；知道的有 10 户，占调查户的 20%；比较了解的有 5 户，占调查户的 10%；只听说，但内容不了解或略知一二的农户只有 5 户，占调查户的 10%。农户对土地承包经营法律法规知之甚少或全然不知，造成不懂法、不守法以及不依法办事的现象比较普遍。同时缺乏依法维护自己经济利益的能力，在入户调查中有 55% 的农户在村组以少数服从多数方式侵害其经济利益时选择尊重多数人意见，寻求行政手段或司法救济的只有 20%。

5.3.3　土地承包经营权流转的基本途径

土地是农业生产的基本要素，建立灵活有效的流转机制，关系到农业资源配置的效率和优化，也是农村经济和社会发展的必然趋势。但土地承包经营权流转必须坚持三个"不得"基本原则，即不得改变土地集体所有性质、不得改变土地用途、不得损害农民土地承包权益。对农村土地承包使用权流转，中央的一贯态度是尊重土地流转的客观规律，维护农村社会稳定，切实维护农民经济利益。在这些大的原则的基础上，笔者认为土地承包经营权流转主要有以下四个基本途径。

第一，加大农村剩余劳动力的转移力度，拉动土地流转。土地承包经营权流转的前提条件之一是农村劳动力的转移，如果农村劳动力没有实现有效转移而片面地强调土地的规模经营，会使部分农民因失去土地而陷入生存困境，这最容易引发农村社会的不稳定。因此，我们应该把促进土地承包经营权流转的重点放在加速农村剩余劳动力的转移上。只有人"动"了，地才能"动"，"人动"是"地动"的前提和基础。农村剩余劳动力转移在客观上为推进有效的土地流转创造了条件。为此，我们要着力抢抓"解放农民、解放土地"这两个关键，把富余的劳动力从有限的土地上解放出来，进而把土地从零散的经营中解放出来，实现规模发展，集中经营。所以要依据地方产业优势，大力兴办有地方特色的农副产品加工业，发展农村非农产业，实现农村富余劳动力的就地转移，减少农民对土地的依赖。农民还可以以土地入股，参与经营大户和合作组织的生产经营，同时又可以给他们打工获取劳动报酬，增加经济收入。这样经营大户和合作组织因为农民土地入股而扩大了土地的规模并获得了一定的经济效益，而农民从土地流转中获得了双份收益（土地股金、工资性收入），从而保障了农民的经济利益。

第二，加速农业结构的战略性调整，促进土地流转。推进土地流转就必须激活农村土地承包经营，其实质是按照"稳定承包权，明确所有权，放活经营权"的原则，使土地承包经营权像其他商品一样进入流通领域。过去，土地承包经营权一直在农户和集体之间流转，现在就要设法使土地承包经营权向专业种植大户、涉农企业以及专业合作组织转移。一方面，要精心培育和扶持专业种植大户及公司化经济生产组织，不断提高劳动生产率和扩大家庭农场规模，为资本密集型大型机械化的现代种养技术推广应用创造条件。另一方面，要促进低效农业向高效农业转变，推动农民增收，把农业产业结构调高、调优、调精，以有效加快产业化进程；建设"百亩田""千亩村""万亩乡"，形成大规模，建成强基地，提高农业的组织化、社会化和市场化程度。还要以扩张基地规模为切入口，按照产业化发展的要求，从区域优势产业、战略主导产业、地方特色产业三个层次上，加快农村经济结构调整，鼓励农户组建经济实体或联合体，采取联合出租、大田置换、租赁承包、转包承包等方式，尽量把零散的土地集中到种田能手或者涉农企业手中，统一种植（养殖），统一规划，统一布局，统一管理，统一经营，彻底改变目前分散的土地经营模式，提高有限土地资源的整体使用效益。

第三，加速推进农业产业化经营，带动土地流转。农村土地流转市场的建立，不仅需要大批土地承包权自愿进入市场流转，还需要有大量土地需求者接受土地的承包权，否则流转只是一句空话。涉农组织和种田能手愿意接受土地的前提有两个：一是农业机械化、集约化经营水平比较高，进而有能力耕种大片的土地；二是土地经营效益比较明显，涉农组织和种田能手经营土地有利可图。而实现这两个前提，除了政府产业政策配套、支农力度继续加大外，最根本的途径是依靠农业产业化经营。因此，必须加强对市场竞争主体的培植，发展有带动能力和竞争优势的龙头企业和农民专业协会组织，使他们拥有较大规模的土地。此外，还要围绕高效、安全、高产、优质的原则，调整农业结构优化产业布局，全面实行农产品标准化生产，推广应用先进实用生产技术，提高农产品的科技含量以及市场竞争能力。

第四，加强社会保障机制的建立健全，推动土地流转。首先，尽快把那些已经把土地流转出去，进入城市就业的农民纳入城镇社会保障体系，避免二次返乡"与民争地"。其次，政府要探索建立农村人口养老保险制度，加大对农村社会保障的财政投入力度，扩大新型农村合作医疗制度的服务质量和覆盖范围，促进最低生活保障制度向农村延伸，特别要尽快解决农村中 55 岁以上和已经丧失劳动能力的农村居民的社会保障问题，让他们放心地进行土地流转。对于已经流转土地的农民，要引导他们从土地流转的经济收益中拿出部分资金，参加个人养老保险和基本医疗保险，提高自我保障能力，努力提高社会保障水平，以此来弱化土地的社会福利保障功能，让进城务工主动流转土地的农民和没有子女的农民都能够消除后顾之忧。

总之，对于农村的土地流转，政府要进行宏观调控，不断完善土地承包产权的登记制度，建立合理的农地资产评估体系，科学评价农村土地承包权的价值，努力形成城乡一体化的管理制度。要继续探索建立市场化运作机制，由政府引导成立土地流转的专门机构，制定系统而严格的土地管理、经营和监督等措施。在自愿的基础上促进土地向专业大户流转，提倡农村土地成片集中流转，结合本地区优势特色产业发展，实行连片种植、集中开发，最后形成产业基地。在实际运行中，要进一步加强宣传力度，使农民了解与土地流转有关的政策法规，由自发流转逐步转向自觉流转，保护农民经济利益不受侵害，坚决反对违背农民意愿的各种名目的圈地开发以及反租倒包行为，尽力杜绝侵占耕地、坑害农民和扰乱市场的现象。

第六章　现代农业是维护农民经济利益的经济基础

6.1　中国农业发展的必然趋势

改革40年来，无论是农业综合生产能力还是农业劳动生产率都有明显提高，农产品供给实现了由长期短缺到基本平衡的历史性转变，但和国外发达国家相比，与农民对经济利益实现的要求相比，还有很大的差距。农业劳动生产率和农民纯收入之间，存在着明显的对应关系，由世界农业发展的规律及我国目前面临的新的国际国内农业形势可知，要维护农民经济利益就必须把现代农业作为我国农业发展的目标。

6.1.1　现代农业的内涵

现代农业不是一个独立的产业，而是一个由几个相关产业有机结合的产业链，不仅包括农、林、牧、渔，而且与工业、商业相结合，是一、二、三产业的综合体。其次，它是一个"值钱"的农业，是能保障农民经济利益、增加农民收入的产业，不"值钱"的、不能增加农民收入的产业不是现代农业。第三，它又是"项目"农业，抓项目就是抓农业，一个个项目实现的过程就是推进农业发展的过程，要选好项目，就要论证资源优势、规模效益和市场营销，选一个好项目就能开发一个好产业。第四，它还是"应变"农业，就是说它有很强的适应性，宜旱则旱，宜林则林，宜牧则牧，宜渔则渔，宜水则水，适应什么就干什么。由于各地的自然条件不同，因此不能照搬一个发展模式，它必须具备各种应变能力。而这种"应变"是以保障和实现农民经济利益为核心的，离开了农民经济利益这个核心，发展现代农业就失去了目标。

（1）现代农业的目标

纵观世界农业发展的历史，现代农业是一种高级的农业发展形态。现代农业具备着传统农业所不具有的一些优势和特点，"高投入、高产出"是对现代农业特征的高度概括。其中，高产出、高效益是现代农业的目标。低产出、低效益的农业不是现代农业而是传统农业。高投入是现代农业的手段，没有高投入就不会实现高效益和高产出。应该明确"高产出"的内涵是非常丰富的，应该包括农产品的数量多、质量好，农民的经济收入高，农村生态环境也得到很好的保护。现代农业所要实现的主要目标包括：①保障基本农产品的供给量；②农民经济收入增加；③保证农产品供给的高品质；④改善生态环境，促进可持续发展。对于现代农业的判断，从实质意义上讲，应当是基于这四大目标的实现程度，同时这四大目标也是现代农业的本质特征。至于通过哪些方法实现这四大目标，需要哪些外在的基本条件，则是现代农业的外在特征。

（2）现代农业的衡量标准

我们可以利用柯炳生教授提出的四个指标来衡量现代农业目标的实现程度，即资源产出率的高低、劳动生产率的多少、产品质量的安全性和资源利用率的高低。①资源产出率包括土地单位产量、饲料转化率和水资源产出效率等。产出率高则是现代农业最基本的特征，这意味着投入同质同量的自然资源，会生产出更多的产品；或者使用较少的自然资源投入，生产出同质量但数量多的产品。这样在有限资源约束的条件下，发展现代农业就可以提供更多的产品来满足人们的生活和生产需要。②劳动生产率则与农民的经济收入有关。劳动生产率过低，农民的经济收入就不会提高。劳动生产率越高，商品率必然会越高，因为农民自身使用的农业产品的数量是有限的，多余的农业产出必然要销售出去。但是，反之却未必亦然，即商品率的高低肯本不能反映劳动生产率的高低。例如，同样是种植烤烟的烟农，一个农民种植 10 亩的烤烟，另一个农民却种植 50 亩的烤烟，两个农民种植烤烟的商品率都可能是 100%，但是两个农民的劳动生产率可能相差很大。③产品质量的安全性，安全性直接关系产品的可用性和人们的生命健康。④资源利用率的高低直接涉及生态环境保护和农业的多功能性发挥。对于多年来已经荒废的自然资源，如荒山、积水区，利用现代农业措施完全可以将这些荒废的资源转化为有用资源以提高资源的数量，同时减轻对原有自然资源的利用压力。还有一些农产品的副产品，如农村中秸秆和动物粪便，没有利用时，它们不仅是垃圾，而且还可能对生态环境造成污染和破坏，但是，如果采取现代农业的科学技术加以转化利用，就可能变废为宝。这样不仅可以在农村形成优美的景色，而且可以为开发观光旅游农业提供商机，使原来没有利用价值的农业副产品与农村资源产生出价值。反之，凡是对生态环境造成破坏的生产作业模式，都不能被认为是现代农业。

6.1.2 现代农业的类型

（1）绿色农业

绿色农业是将农业与环境协调起来，促进农业与环境的可持续发展，增加农户收入，同时保证农产品安全性的农业。"绿色农业"是科学地灵活利用自然生态环境的物质循环系统、营养物综合管理技术（INM）、实践农药安全管理技术（IPM）、生物学技术和轮耕技术等，从而整体而系统的保护农业生态环境。绿色农业从总体上可分为低投入农业和有机农业。

（2）休闲农业

休闲农业是一种功能多样的综合性的现代农业。游客不仅可以采果、观光、体验农作、享受乡间情趣、了解农民生活，而且可以游乐、住宿和度假。休闲农业的理念是利用农村的空间与设施、农业人文资源、农业生产场地、农业自然环境等，经过规划设计，发挥农村、农业休闲旅游功能，提升旅游质量，提高农民收入，促进农村发展的一种新农业。

（3）工厂化农业

工厂化农业是采用类似工厂的生产方法，安排、组织农产品生产的一种农业经营模式，是设计农业的高级层次。不受气候、水文、地形、土壤等自然因素影响和制约。通过先进技术，采用现代化生产装备和科学管理方法使农产品自然生产直接在人工控制下进行，因此具有高产、稳定、高效率等特点。如在高度现代化的养鸡场、养猪场及花卉、蔬菜温室中，通过高度自动化机械化装备与高科技手段来控制和调节动植物发育、生长、繁殖过程中所需要的温度、水分、光照以及营养物质等。工厂化农业使农业生产摆脱或减轻对自然界依赖的同时，又大大改善了劳动者的工作条件和生产环境，提高了农业生产水平和劳动效率，实现了现代化生产。

（4）特色农业

特色农业就是将本区域内独具特色的农业名优产品转变为特色商品的现代农业。特色农业最大的特点就在于"特"，具体表现为三个方面：一是唯我独存或唯我独尊是特色农业之"魂"，中国自古以来就有"物以稀为贵"的观念，对于发展特色的现代农业来说，只有做到人无我有、人有我优的层面，才能"特"起来。二是独特的自然地理环境条件是特色农业之"根"。自古以来各地的自然条件就有很大的差异，如果不切实际地盲目模仿别人发展农业，只能落个劳民伤财的后果。三是本地区养殖、种植或加工是特色农业之"本"。现阶段，科技进步是农业发展的原动力，如果漠视农民技能的有无而强迫农民搞特种特养，其发展必然造成事与愿违、事倍功半。当然，我们并不排除后天形成的种养传统。形成种养传统其关键在于要真正地形成有特色的种养传统，不仅需要经历一个较长时间的培养过程，而且一定要合民意、顺民心，即农民愿意干。

（5）观光农业

观光农业是以农业和农村为载体的一种新兴的新型生态旅游业。近年来，随着全球农业的产业化发展，人们发现现代农业不仅仅具有生产性功能，还有改善生态环境质量，为人们提供度假、观光、休闲的生活性功能。随着经济收入的增加，闲暇时间的增多，竞争的日益激烈以及生活节奏的加快，多样化的旅游已成为人们的期待，人们希望能在自然风光的农村环境中放松自己的心情。于是，旅游业与农业边缘交叉的新型产业观光农业随之产生。观光农业是把旅游休闲与农业发展结合在一起的旅游活动，它的类型很多。其中规模较大的主要有5种：（1）观光农园：在城市近郊附近开辟特色茶园、花圃、果园、菜园等，让游客入园内赏花、采茶、拔菜、摘果，享受田园乐趣。这是国外观光农业的主要形式。（2）农业公园：按照经营公园的思路与理念，把农产品消费场所、农业生产场所和休闲旅游场所结合为一体。（3）教育农园：这是兼顾科普教育和农业生产功能相统一的农业经营形态，代表性教育农园有日本的学童农园、法国的教育农场、台湾的自然生态教室等。除此之外，还有森林公园和民俗观光村等等。

（6）立体农业

立体农业是对平面传统单作农业的扬弃，是现代农业科技和传统农业相结合的新发展，是传统农业生产要素的优化组合。具体地说，立体农业是多种相互联系、相互协调的农业生物种群，在时间、空间和功能上的综合利用，是一种多层次的优化高效农业结构。它有四个方面的特点：一是"集约"，即集约经营土地，体现出劳力、物质、技术、资金整体综合效益；二是"高效"，即充分挖掘光能、水源、土地、热量等自然资源的潜力，同时提高人工辅助能的利用效率；三是"持续"，即提高农业环境和生态环境的质量，减少有害物质的残留，增强农业后劲，不断提高土地或者水体的生产力；四是"安全"，即环境和产品安全，体现在利用多物种的有效组合来共同完成污染土壤的修复以促进农业的发展，建立经济发展与生态环境相融合。总之，立体农业通过套作、混作、间作等立体混养、种养等模式，较大幅度提高单位面积的农作物产量，提高自然资源的利用效率；同时，缓解残留农药、化肥等对水环境、土壤环境的压力，实现环境保护与经济发展的"双赢"。

（7）订单农业

订单农业也叫合同农业或契约农业，是指农产品生产者和收购者之间签订订购合同与协议。签约的一方为中介组织和涉农企业，主要包括经纪人和运销户，另一方为农户或农户群体代表。订单农业具有契约性、预期性、市场性和风险性。订单中规定的农产品收购的最低保护价以及农产品的质量和数量，使双方依法享有相应的权利、义务和约束力，不能单方面毁坏合约。由于订单是在农产品种养前签订，属于一种期货贸易，所以也叫期货农业。拥有订单的农民常说："手中有订单，种养心不慌。"不过，在农业生产的过程中，双方都可能碰上自然、市场和人为因素等影响，也有一定的风险性。但比起传统农业先生产后找市场销售的做法，订单农业则为先找销售市场后生产，减少了很多的市场风险和人为风险，应该说是一种巨大进步。订单农业有5种基本形式：①农户与科研、种子生产单位订立合约，依托种子企业和科研技术服务部门发展订单农业。②农户与农业产业化加工企业或龙头企业订立合约，依托龙头企业或加工企业发展订单农业。③种植农户与农产品批发市场签订合约，依托农产品大市场发展订单农业。④农户与专业协会签订合同、专业合作经济组织发展订单农业。⑤农户通过经济人、经销公司、客商签订合同，依托流通组织发展订单农业。

6.1.3 现代农业的意义

（1）保障国家粮食安全

提供农产品保障我国食物安全，解决十四亿多人口的吃饭问题，永远是事关中国社会稳定和经济持续发展的大事。国际市场粮食供给量的波动、国际运输的不便、国际政治风云的变幻无常等诸多不确定因素，决定了我国不可能大量进口粮食。所以，一定要靠提高国内粮食和其他农产品的生产能力和储存能力，来满足日益增长的粮食需求。应当明确，和中国社会经济发展的需求相比，中国主要农产品生产仍然不能满足自身的需求。尽管中国粮食生产量年均增长幅度较大，但是粮棉油等重要大宗农产品的产量仍然不能满足国内需求。2007年至今，我国农产品市场的价格几乎没有太大的上涨，扣除物价上涨的因素，主要农产品价格应该是低价位的，但这并不意味着国内生产过剩，而是在大量进口农产品压力下形成的。由此我们可以推测，未来我国粮食和其他大宗农产品供求不平衡的压力会进一步增大。中国人口和国民收入的持续增加，以及国民经济其他部门的发展，使粮食和其他农产品的国内需求增长刚性、持续、不可逆。无论国家政策如何、气候条件如何、农民积极性如何，我国对粮食的需求总是不断增长的。据估算，国内粮食需求每年增长40亿~50亿千克。但在生产方面，资源约束将更加突出。加之工业化和城市化的发展，使耕地面积下降的趋势不可避免。据相关部门测算，我国年均至少减少500万亩左右耕地，由于复种指数原因，这就等于每年减少700万亩以上的播种面积。由于经济作物面积下降的可能性不大，因此耕地的减少基本意味着粮食面积的下降。淡水资源短缺的问题也日益凸现，一方面，由于工业化的不断发展，水资源消耗大，而淡水供给总量逐年减少，尤其是部分地方不科学地利用深层地下水灌溉农田致使地下水位逐年下降；另一方面，生活用水需求量日益增大，必将持续挤占可用灌溉农业的水资源。因此，我国已经无法通过增加更多自然资源的途径来增加农产品的生产，而只能借助于提高资源利用效率的方法。这正是建设现代农业之原因所在。

（2）保障农民经济利益

自改革以来，中国农业劳动生产率有了较大提高，但是和国外发达国家相比劳动生产率仍然处于较低的水平。2003年中国农业中人均生产粮食560千克、肉类90千克。而同一时期的欧盟的生产水平分别是13040千克和2471千克，分别高于我国22倍、26倍。按照一定的系数将所有农产品都折算为谷物当量，则可计算出，2000年我国的农业劳动生产率非常低，谷物当量不到4吨，而西方发达国家均在100吨以上。其中美国最高，为325吨；日本为22吨；相邻的韩国在11吨左右。按同样的计算方法对中国不同省份进行计算，则可发现，农民纯收入与农业劳动生产率之间存在着极强的对应关系。因此，发展现代农业，提高农业劳动生产率，是促进农民经济收入增加的重要途径。

（3）保护农村生态环境

有时候，我们在认识上存在一种错觉，总认为原始农业和传统农业一定有利于生态环境保护。其实不然，刀耕火种的原始农业不利于环境保护；传统农业也常常导致草场退化和水土流失，也不利于生态环境保护。而现代农业在避免传统农业弊端的同时，广泛应用现代科学技术则会促进生态环境保护与生态环境的改善，其中起直接作用的有转基因作物的节药、精准农业的节肥以及其他的节水和节能技术。其中，对现有资源潜能的挖掘就意味着节能，这也是最大的资源节约，尤其是生物体及其生态系统所蕴含的潜能是非常巨大的。微生物和动植物的遗传改良、自然生态系自组织功能的发挥、农业生态系的优化以及有害生物生态系的调控等都将极大地调动和挖掘生物体及其系统的巨大潜能。遗传工程、分子生物学和现代生态学为此提供了理论根据和技术武器。间接的促进作用也很明显：单位面积产量增加，将可以拿出更多土地用于改善生态环境。此外，现代畜牧业则可实现集约饲养，从而避免牲畜放牧对植被造成的破坏；通过建设现代畜牧业，也可以实现人畜分离，改善牧民社区的生活环境。

6.2 以高科技为基础的企业生产体系

根据国际经验，人均 GDP 超过 1000 美元的时候，就开始步入了由传统农业向现代农业转变的历史时期。传统农业的农产品加工是凭借农业生产积累的经验来进行生产的，主要是进行原始农产品的粗加工，而现代农业则是应用现代科学技术对农产品进行精细加工，它采用现代生物学、营养学、物理学、化学等知识以及新的现代技术革命成果来改造农产品加工工艺，逐步发展到精细加工。不论是技术还是管理，传统农业都是依靠过去的经验，而现代农业的运作则完全依靠先进的科学技术与管理。现代农业是传统农业发展的方向，实现现代农业的具体途径因各个国家和地区的具体条件不同而有所差异。美国和加拿大的农场经营是现代农业的模式，荷兰和以色列的集约经营也是现代农业的一种，但它们共同的特点都是以现代科技为支撑的企业生产体系。我国内蒙古海拉尔垦区依托区位优势，积极发展现代农业，扎实推进新垦区建设的成功经验，为全国其他地区发展现代农业提供了有益的启示。

6.2.1 现代农业的支撑体系

传统农业的农产品加工建立在手工操作的基础上，而现代农业的农产品加工则建立在科技含量较高的机器大工业的基础上。因此，高科技的农业相关技术是发展现代农业的支撑体系。农业生产的原材料是动植物品种，因此动植物品种改良在农业技术体系中始终处于中心位置，例如原始农业阶段的动植物驯化、传统农业阶段的人工选择、近代农业阶段的杂交育种。而现代生物技术的出现，首先是育种技术上的革命。近代的传统育种技术也有着它经验的局限性，主要是育种家凭自己的经验在田间对育种对象做表型性状的选择，这些技术只能利用有限的种内杂交优势。而基于分子生物学理论的现代生物技术和遗传工程就不同了，其完全可以对生物的遗传信息做实验室操作；可以在动物和植物以及微生物，即所有物种间做基因转移与重组；同时还可以做遗传改良工程设计。现代农业的生物技术和信息技术以及现代工程技术根本不是一般意义上的技术发展，而是一次重大的技术突破。

6.2.2　现代农业的基本保障

改革以来，中国农业一直是以土地为基本生产资料，以农户为基本单元的一种小规模家庭生产，随着工业化、市场化的进程加快，人们开始不断寻求解决农户的小规模生产与工业社会大生产之间矛盾的策略。解决矛盾的过程就是传统农业不断向现代农业转化和发展的过程，传统农业的收入主要靠出售农产品，而现代农业主要通过农产品产后的贮运、加工和保鲜等企业化生产来实现农业收入，因此，现代企业体系是发展现代农业的基本保障。自从 1950 年以来，美国家庭农场的场均耕地不断扩展，由 50 多公顷扩展到 200 多公顷，开始走扩大经营规模之路，最近几年又组合了不同形式的农工联合体；日本虽然维持小农户经营，由于有着发达的劳动组合与行业委员会以及市场指导委员会等不同形式的经营组织，日本农户最终走上了与经营组织相结合的发展道路。中国经历了互助合作小组、人民公社集中管理和家庭联产承包责任制的曲折，直到 20 世纪 90 年代中后期才慢慢地走上以公司 + 农户为主要经营形式的一体化经营道路。把贸易、工业、农业合为一体经营，把小农户与大市场紧密连接起来，形成农产品生产、加工、销售的产业链，这应该就是中国农业在家庭联产承包经营基础上扩大规模，向商品化和专业化迈进的重要步伐。这是在实践中探索到的一种适合中国国情的有中国特色的农业社会化经营道路，是继美日以后的第三种现代农业发展新模式。我国在 20 世纪 90 年代后期结束了农产品短缺局面并对农业生产进行结构调整，加入世贸组织后，中国农业的发展进入了商品经济的快车道，公司 + 农户的工农一体化经营模式将会在不远的未来成为我国现代农业发展的强大推动器。我们仍然以内蒙古海拉尔垦区为例，2003 年以前，海拉尔垦区还没有组建集团公司，垦区内各个农场在农业生产经营上基本还是"单打独斗，各自为战"，经济效益和生产效率极为低下。2003 年海拉尔垦区经内蒙古人民政府批准，按照产业化和股份化的方式组建集团公司。垦区所有职工全员置换身份，建立了职工参股、国有控股的现代公司体制，将 8 家工商流通企业和 16 家国有农场改造成分公司和子公司，企业管理体制和经营机制发生了根本性的大变化。集团公司实行了"六统一"管理，即统一销售农副产品、统一管理重大投资、统一开发市场品牌、统一制订发展计划、统一采购农用物资和统一处理遗留问题，形成了集团公司的合力和竞争优势。由于农垦集约化水平和企业组织化程度的提高与增强，生产成本大幅度下降，经济效益急速增长。垦区改革转制4年来，利润累计实现5亿元，年均1.25亿元；农业生产总值从2003年的48494万元增长到2007年的123279万元，年均增长40.2%，总共增长254.2%。垦区高速持续发展的事实有力地证明，建立现代企业制度是垦区发展现代农业的基本保障，如果沿用过去的体制机制，这样的发展速度是不可能实现的。

6.2.3 现代农业的必然要求

现代农业是以生物产品生产为产业基础，并向着农产品深加工、医药制造、生物化工、洁净能源、观光休闲等领域拓展的一种多样化的综合性新型产业。它是一种结构优化的综合性新兴产业，从而使传统的一、二、三产业的界限不再分明，甚至趋于模糊。可以说，结构优化是现代农业的必然要求。在21世纪能源战略中，生物能源越来越显示其重要地位，异军突起的现代农业使生物能源出现在农业生产领域。《今日美国》中有一篇写道："石油能源之王的地位也许不久就会遭到废黜。黑金也许会被绿金所取代，因为农田作物有可能逐渐取代石油从而成为燃料到塑料的所有物质的来源地。今后的25年内，工业化农场主将能种植出足够的燃料和原料，我们国家几乎不会再依赖于外国石油。"英国种植了150万英亩土地的芒属能源植物，德国建了一座有12万千瓦发电能力的发电厂，发电厂的所有原料都源于这种植物，德国公司已经开始开发生物柴油等洁净能源。我国的石油资源极其短缺，生物洁净能源的生产将会成为我国现代农业中的新兴领域。以石化产品为原料的难降解的现行塑料将被以淀粉为原料的全生物降解塑料取代，生物技术和现代工程技术将使现代农业成为保护环境的生力军。日本丰田公司的科技人员开始用白薯淀粉塑料制造汽车配件，并发表了以"白薯拯救地球"为题的文章。以玉米淀粉为原料的PLA（聚交脂）生物材料也开始在美国启动，"用转基因作物和家畜改变农业，现在它正在改造工业"，"我们刚刚开始看到它在制造业的所有部门中得到应用，这可能会彻底改造旧经济"。此外，利用基因工程菌等对畜牧场粪污的处理及城市地下污水道的净化处理等都将为现代农业的发展提供新的发展机遇。基于这个认识，海拉尔垦区近年来建设产业化龙头企业，以农副产品为依托，2008年垦区投资1.6亿元建设了油菜籽加工转化润滑油和生物质柴油项目，此项目已经被国家财政部和发改委列为国家级四个试点项目之一，该项目已建成投产。2008年还有两个主要项目，一是投资8000万元扩建改造马铃薯全粉生产线，并于2008年正式投产使用；二是投资3000万元建成啤酒麦芽加工生产线，加工销售产值已达15亿元之多。总之，垦区以优化农业产业结构为主线，以现代物流和农产品深加工来延长现代农业的产业链。优化产业结构的最终目的是提高现代农业企业的市场竞争力。当然，应用现代科学技术发展农业和应用现代企业制度管理农业仅仅只是手段，通过发展现代农业提升农业企业的核心竞争力、维护农民经济利益、增加农户收入、改善农民生活才是最终的目的。

6.3 中国发展现代农业的路径选择

6.3.1 发展现代农业的制约因素

（1）剩余劳动力是制约现代农业发展的首要因素

现代化农业不仅是用大量资本和现代农业技术装备起来的先进产业，而且还是具有产权关系完善、组织形态先进和交易体系健全等一系列制度内涵的现代产业，无论是在内部生产结构上还是在外部特征上都明显区别于传统农业。中国的现实国情决定了中国发展现代农业的道路将十分艰辛。这种艰辛不仅来自发展现代农业所需要的大量资本，而且还来自发展现代农业带来的制度变迁所引发的相关利益群体的利益矛盾和利益冲突，更来自大量农村剩余劳动力转移的艰难。自1950年以来，中国的土地制度经历了多次重大变革，而且随着这些制度的不断变革，中国农业的发展经历了一个曲折的历史过程。从1978年开始，国家开始在农村实行家庭联产承包责任制，改革的结果是土地的生产经营由一家一户单独进行，土地的所有权仍然属于集体所有，土地所有制性质根本未变，只是改变了农业经营的生产方式和分配方式。家庭承包责任制对中国农业的发展做出了巨大贡献，被世界上其他国家称为中国农业的一个伟大创举。然而，随着农村经济向纵深发展，作用已消耗殆尽的家庭承包责任制的缺陷日益显露：家庭承包责任制缺乏对耕地使用权的长期考虑，更缺乏有偿转让和土地使用权继承的规范政策。这致使农民对土地缺乏长期心理，进而造成农村土地的滥用、肥力下降，甚至撂荒，同时也造成农业生产规模的狭小化。这是中国现阶段农业发展的最大障碍。

造成这种结果的原因之一是中国目前存在大量的农村剩余劳动力，正如著名学者温铁军所说："对于本世纪初以来的中国问题研究，我们能够提出的基本假设，其实是一个简单到尽人皆知的判断：中国的问题，基本上是一个人口膨胀而资源短缺的农民国家追求工业化的发展问题。无论什么外来思想、内生理论，都不得不在能否解释农村、农民和农业这'三农问题'上受检验。"在西方发达国家，农业劳动力占全国总劳动力的比重已下降到 6% 以下，而现阶段中国这一比重却高达 50%。农业庞大的人口压力束缚着现代农业要素对传统农业要素的替换，阻碍着现代科技特别是体现现代农业重要特征的机械技术的广泛应用，无法转移的农村劳动力成为制约中国经济发展的"瓶颈"。从世界各国农业发展的历史经验来看，农业现代化程度的高低与农业部门承载的人口压力大小之间有着明显的相关性。若要实现农业生产目标由满足自给性消费的产出最大化转变为商品性产出的利润最大化，最重要的前提条件就是农业人口压力的缓解和农业劳动力比重的下降。由此也可推知，21 世纪头 20 年中国农村"更高水平的"小康目标能否实现，在很大程度上也是取决于农村剩余劳动力问题是否能够较好地得到解决。

（2）农业比较利益偏低形成的制约

中国耕地总面积占全世界耕地的 7%，却解决了占世界 22% 的人口的吃饭问题。但是，长期以来中国农业一直是社会效益大、经济效益低的弱质产业。农业比较利益偏低保障不了农民的经济利益，反而挫伤了农民的生产积极性，阻碍了农业生产力的进一步发展，不利于农民整体生活水平的提高。农民正当经济利益长期外流，导致农业比较利益偏低，其主要原因还是中国长期推行工业优先的不均衡发展战略。此种发展战略下形成了农产品价格偏低、农产品的价格变动与农业生产资料的价格变动不协调、工农业商品比价根本不合理等一系列问题，进而使农业生产的投入成本太高、产出效率较低，从而制约了农民经济收入的增加。自 1979 年以来，中国工农业产品价格的"剪刀差"有所缩小，农产品的统购统销制度被废止，农民的经济收入有了较大幅度的提高，农业生产增长较快，农民经济利益在不同程度上得到了实现。20 世纪 80 年代后期 90 年代初期，销往农村的工业品价格不断上涨，而农产品市场定价一路走低，使一度缩小了的工农产品价格"剪刀差"又开始重新扩大。工农业比较利益的巨大差异，造成大量农业生产要素通过各种不同途径向非农业产业转移，使农业生产部门本身要素投入严重不足。这种现象严重制约了农民生产的积极性，同时也削弱了农业的积累能力，农业发展受到限制，再次使农民的经济利益受损。

（3）耕地资源稀缺，人地矛盾突出

土地资源的富裕与稀缺以及由此决定人均耕地的多寡是一个国家实现农业现代化难易程度的关键。新中国成立以来，全国耕地面积在 1957 年以前呈逐年增长的趋势，1957 年至今耕地的总面积便逐年下降。目前，全国土地的后备资源总量不足 3333 万公顷，其中可以开垦当作耕地的土地不足 1333 万公顷，与此同时，我国人口特别是农村人口还在较快增长。20 世纪 90 年代中后期以来，中国农村逐年新增加劳动力 600 多万人，而农村的可耕地面积却每年以 46.67 万～66.67 万公顷的速度在减少。据国家统计局提供的资料显示，2001 年我国耕地总资源的面积为 127082 千公顷，常用耕地总面积为 105826 千公顷，临时性耕地总面积为 21256 千公顷，人均常用耕地面积仅 0.08 公顷。自改革以来，全国耕地总面积平均每年减少 30 多万公顷。随着近年来城市化、工业化建设的极力推进，今后即使国家采取各种措施保持耕地的总面积不再下降，但仍改变不了人均占有耕地下降的趋势。耕地面积减少将直接导致农产品供应量和农作物播种面积的减少。从国外来看，每百公顷耕地使用的农业劳动力人数，美国是 1.89 人，德、法、英均在 10 人以下，人口密度较高的日本为 94.40 人，人口密度极高的印度为 156.53 人，而我国百公顷耕地承载劳动力却高达 350 人。可以想象在这样耕地资源稀缺、人地矛盾突出的情况下，我国农业现代化的实现之路是异常艰辛的。

（4）农业科技进步难以满足农业发展的现实需要

现代农业是用现代科学技术武装起来的农业，农业经济的持续发展是通过凝结着先进技术的现代农业生产要素的不断投入来实现的。自 1949 年以来，现代农业科技进步包括三个环节：研究、推广和应用。农业科技的不断进步对农业产量的持续增加做出了很大的贡献，我国粮食单位面积产量从 1949 年的 1035 千克/公顷增加到 1998 年的 4953 千克/公顷，增加了将近 4.8 倍，其中 74% 源于农业技术的推广应用；棉花单位面积产量也有很大的提高，从 1949 年的 165 千克/公顷增加到 1998 年的 1009 千克/公顷，增加了 6 倍多，其中 80% 源于农业科技的推广和应用。从整体来讲，中国农业技术到目前为止落后的状况并没有得到根本的改变。现实表明，农业科技的研究、推广和应用依然落后于农业实际的需要，主要表现为：（1）农业科技应用和推广大大落后于农业科学技术的研究，许多农业科研方面的先进成果还没有转化为现实的农业生产力。（2）农业科技组织机构不健全，推广应用技术人员偏少。目前，全国乡镇 1/3 以及自然村的 3/4 还没有建立基层农业技术推广组织。（3）已经建立的基层农业科技站，由于条件限制很难开展工作。数量不多的基层农业科技站由于科技人员待遇低、活动经费少、设备陈旧等原因，严重影响了农业科技工作者的积极性和科技队伍的稳定性。

（5）农民文化素质偏低

新中国成立后，党和政府非常重视国民文化素质的培养和提高，特别是近十年来，全国范围内九年义务教育的施行和高等院校招生规模的不断扩大，大大提高了国民的文化素质和受教育程度。现阶段，随着受教育成本的不断增加和国家宏观就业制度的继续改革，农民的孩子考大学难、上大学艰难、找工作更难的社会现象较为普遍，使新的"读书无用论"在广大农村又开始抬头。由于就业形势的持续恶化，部分农民觉得孩子初中毕业后就可以回家务农了，至于是否上高中以及考取大学，就是孩子自己的事了，家长们不做强求。农业比较利益偏低保障和提高不了农民的经济利益，不少农村的孩子初中毕业后就外出打工。文化素质较高的中青年农民因在外地打工而把年幼的孩子留在家里让老人看护和教育，"留守儿童"和"留守老人"成为当前中国农村中比较普遍的社会现象。今天要发展现代农业，靠这些留守儿童和老人是无法推进现代农业建设的。据有关资料统计，中国的文盲、半文盲人群主要集中分布在农村，农村劳动力的文化水平大大低于全国平均劳动力的文化水平，农村中小学在校学生的不断流失已成为很大的社会问题，加之农村教育质量低下，教育结构还不能完全适应农村经济发展的实际需要。近年来农民经济收入的提高和子女受教育投入的提高不同步，再加上现在的农民对子女受教育后的预期收益没有信心，这些因素又直接影响了农民子女文化素质的提高。偏低的文化素质使农民很难适应农业现代化的转变，导致现代农业发展的步伐异常艰难。

6.3.2 发展现代农业的有利条件

（1）农业基本经营制度为发展现代农业提供了制度前提

不断创新与完善的农业基本经营制度，一方面，要继续长期坚持以家庭承包经营为基础、统分结合的双层经营体制不动摇，赋予农民长期而有法律保障的土地承包经营权；另一方面，要处理好该制度稳定与创新的关系。应该看到，双层经营体制的基础（农户的构成）已经发生很大变化。从目前来看，当今中国农户的构成为数量大而规模小的兼业农户与数量少的专业户同时存在。从变动的趋势来看，纯农户的数量会不断减少，兼业户的数量会大量增加，专业户的数量也正逐年增加。中国农村出现的各类专业营销户、养殖户、种植户是在农产品生产专业化、市场化、商品化程度不断增强的发展过程中出现的，他们完全从事以市场需求为导向的专业化生产，是中国发展现代农业的核心力量，是中国农业先进生产力的代表。因此，在分析我国农村经济现象时，不仅要看到在一些农村社区青壮年劳动力外出打工，农村中只剩下老人、妇女和儿童三类人，"空壳村"不断出现，同时也要看到农产品生产和营销专业户在相当一部分农村地区兴起的现实。双层经营中的"统"的内涵也不断在发生变化。1980年初，包产到户后，中央决策部门提出统分结合、双层经营。当时寄希望于地区性合作经济组织能成为上层经营中承担"统"的那一层组织载体，抓那些一家一户办不了、办不好、办起来不合算的事。但近40年的实践证明，大部分的地区性合作经济组织根本不能有效地担负起"统"的职责。在农产品生产日益市场化的今天，从事农产品专业化生产的种植大户和营销大户的需求不再是生产过程的几个统一，除了要求原有的具备一定实力的社区集体经济组织继续承担资产积累、资源开发、生产服务、管理协调等功能外，他们需要更高、更新的农业生产技术的支持来提高其农产品的科技含量。这些农村中的专业大户还需要为其农产品的销售提供准确、迅捷、完整的市场信息，更好的市场营销网络渠道，以使自己的农产品能创出自己的品牌，占领一定的市场消费份额，最终使我国的农业经营模式开始转型，从劳动密集型转为技术密集型、资本密集型和劳动密集型相结合的有竞争力的产业。值得注意的是，受市场化导向的影响，目前大量突破社区界限的各类农民合作经济组织和中介服务组织应运而生，形成了各种不同的由从事农产品生产或者营销的专业大户组成的专业合作组织与农村社区集体组织相配合的新型农业服务模式，使"统"的内涵更加丰富，这就为在家庭承包经营基础上发展现代农业提供了可能。

（2）工业反哺农业的宏观环境已经形成

当工业发展到一定阶段，工农关系、城乡关系就需要重新界定，工业反哺农业就是该阶段工农关系的一种新概括。工业在这里泛指非农产业部门，而农业则依然是涵盖"三农"的范围。工业反哺农业是社会经济发展到某种特定阶段的必然现象，从国际上看，大部分国家在实现自己工业化的过程中基本上都经历过农业哺育工业转向工业反哺农业的历史过程。在工业化发展的早期阶段，农业在国民经济中占据主导地位，为了促进工业的发展和创造更多的物质财富以提高人民生活水平和国民经济发展速度，就必须用农业积累来支持工业发展；后来，当工业化发展到特定阶段、工业已经成为国家的主导产业时，为了实现工农业协调发展，除了继续发挥市场机制的作用外，国家还必须加强对农业的扶持和保护，实行由农业哺育工业转换到工业反哺农业的政策上来。发达国家的实践表明，当工业化和城市化进程加速，国民经济发展到工业反哺农业时，如果政府及时保护和支持农业、加强反哺农业的力度，整个国民经济就会协调健康快速发展，顺利实现现代化；反之，如果继续挖农业积累、忽视农业保护，就会出现农业发展滞后、贫富两极分化、城乡和地区之间的差距扩大，加大社会矛盾冲突，甚至出现社会动荡和倒退。

工业反哺农业政策的实质是要处理好对农民的"取"与"予"的关系，彻底改变农业和农村经济在基础资源配置与国民收入分配格局中的不利地位，加大国家公共财政的支农力度，让公共服务更多更好地深入农村、给实惠于农民。从经济实力来看，在 2004 年的时候，我国国内生产总值已经达到 13 万亿元，国家财政收入 2.6 万亿元，农业税收仅仅占财政收入的 1% 左右。从那时起，我国就初步具备了工业反哺农业、城市支持农村的经济实力。

（3）发展现代农业的组织基础开始出现

农民专业合作组织是农业产业化的有效组织形式，是农业现代化、标准化的重要载体，是发展现代农业的组织基础。农民专业合作组织具备四个基本功能。（1）组织功能。农民专业合作组织按照国家相关产业政策，组织合作社内部成员进行生产与销售，组织和协调农户进行专业化生产，组织农村社会多余的劳动力有序地流转到二、三产业，逐步实现农业的集约化、规模化经营。（2）延伸功能。专业合作组织把农业生产的产业链进行延伸，即从单一的生产功能，逐步向产前和产后延伸，大大有利于增强合作组织产品的市场竞争力、提高初级农产品的附加值、增加成员的经济收入。（3）中介功能。构架起涉农公司与从事具体生产农户的纽带与桥梁，促使公司与农户联姻，从而实现农户与市场对接。（4）服务功能。就是为广大农户提供最直接、最便捷、最具体的服务，使合作经济组织成为维系农业产业化链条各个环节的服务组织，并使农业产业链相互联系并不断延伸。

多年的实践证明，积极组建农民专业合作组织符合我国农村经济社会发展的方向，有助于在更高层次上和在更大范围内实现农业资源的优化配置，有助于使农户找到市场经济背景下农户间的新合作形式，是对统分结合双层经营体制的充实、完善和发展，是具有中国特色和时代特征的农业经营形式，其对发展现代农业必将发挥重要作用。2007 年我国拥有 2300 多万成员的农民专业合作组织已达 15 万个。2007 年 7 月 1 日十届全国人大常委会表决通过的《中华人民共和国农民专业合作社法》开始实施，赋予农民专业合作社以法人地位，这对于深化农村市场化改革，推进现代农业建设具有重要意义。2008 年全国农民专业合作组织农户成员已达 3480 万，占全国农户总数的 13.8%，比 2007 年有了很大的进展。不仅数量大增，而且质量也有所提升，从技术互助、信息传播扩展到技术、资金、劳动等多方面的合作，从简单的购销环节合作扩展到产前、产中、产后的一系列配套服务合作，其中部分合作社已经实现了生产标准化、分工专业化和服务社会化。

6.3.3 发展现代农业的对策建议

从世界农业发展的历史来看，现代农业是所有国家农业发展的目标。但发展现代农业的具体途径，各国则因具体自然条件和社会条件不同而有所不同。但我们还是可以从这些不同模式的现代农业中总结归纳出一些共性的东西来。这些共性特征主要表现在四个方面：发达的装备设施、先进的生产技术、高效的组织经营、完善的服务体系。发达的设施装备主要变现为排灌条件优越、机械化程度高、农田基础设施好、设施农业先进、农业产出品质优价格低等。先进的生产技术主要表现采用高产优质良种、先进科学的生产方法等。高效的组织经营是指产前、产中以及产后的经营管理水平高，生产、销售、加工等各个环节密切连接，组织方式科学高效，使得整个农产品生产营销系统效率提高的同时成本却在降低。完善的服务体系主要是指政府的服务与支持体系完备，能够帮助从事农业生产和经营的广大农户克服市场机制的不足，解决那些完全依靠市场机制解决不了和解决不好的事项，例如市场信息提供、食品质量监控、农业科研的推广、动植物重大疫病防治等。此外，政府对农业和农民的各种不同的补贴，对于现代农业建设是有促进作用的。但是，从国际发展现代农业的经验来看，这不是必备条件。国际上也有部分国家，国家的直接补贴并不多，但是现代农业的发展水平也比较高。因为同农业补贴相比较，政府的服务意识、服务内容、服务措施更重要，是现代农业建设所不可缺少的。

我们发展现代农业，必须结合我国的具体实际，在充分运用市场机制的基础上，按照统筹城乡经济社会发展的思路，创新制度、完善政策，致力于公共投资以提高资源配置效率，从而提高劳动生产率和市场经济效益。发展现代农业的过程，其实质就是改造传统农业、不断发展农村生产力的过程，就是转变农业增长方式、促进农业又好又快发展的过程。现代农业的核心是科学化，方向是集约化，目标是产业化，特征是商品化。

（1）加强农业基础设施建设、建立健全农民组织

以现代物质装备与技术条件逐步实现农业基础设施的现代化是中国建设现代农业的重要任务。根据各国经验、WTO规则并结合中国的具体实际，各级政府作为农业基础设施建设的组织者、引导者和投入主体，要进一步解放思想，放手发动群众，按照"自我服务、自我受益、自我组织、自我管理"的原则，坚定不移地组织和支持农民建立各种专业协会或合作社等市场主体组织，不断提高农民在市场竞争中的自我组织和发展能力，最终提高农民的市场话语权。

（2）继续推进体制创新，加快建立土地使用权市场

对于中国来讲，发展现代农业最大的障碍还是来自目前的相对固化的"二元结构"；因此，发展现代农业首要的任务是进行体制创新，并且在此基础上，加快建

立农村土地使用权的流转市场。要围绕构建开放农业体系、工农互动与城乡互动的发展机制，加快进行户籍制度、福利制度、财税制度、分配制度等的改革，建立经济地位平等的新型城乡关系；要围绕提高中国农业的国际市场竞争力和政府依法行政效率，按照发展现代农业的客观要求，以明晰政府的各种职能和行政边界为重点，加快改革制约中国农业发展的宏观管理体制，建立一体化的现代农业监管、行政和服务体系；要围绕激发农业经营主体的发展活力，调动亿万农民的创造力和智慧，允许农民大胆探索尝试包括土地使用权适度集中与流转在内的各种现代农业经营的有效方式，健全农业的体制机制和微观运行环境，初步建立土地使用权市场，使家庭生产向家庭农场的现代生产方式转变，凡是需要更多土地进行经营的家庭，可以通过当地的土地使用权市场获取。建立合法、有效、完善的土地使用权市场，要求农户和地方政府：①注重培养土地承包权交易市场中交易双方的法律意识，确立土地使用权依法流转的法制观念；使土地流转的过程减少随意性和偶然性，不能再用口头形式进行土地流转，而要以书面合同的规范形式进行流转。②土地流转时，必须坚持国家制定的土地流转三个基本原则。③一旦确立土地使用权流转市场，就要制止或者减少地方政府用行政手段进行强迫土地流转，各地村组集体组织不应该再应广大"村民"的需要每隔几年就重新平均分配土地，凡是需要土地的组织和个人可以依法从土地市场中获取。④对于某些经济发展水平较高的地区，非农产业可以有效地吸纳农村多余的劳动力，社保制度相对完善的农村地区还可以尝试把土地承包经营权抵押，土地使用权抵押并不影响集体拥有的土地所有权的性质。这样有利于土地向种田能手集中，既获得了规模效益，又保留了土地的集体所有权。

（3）加强政府支持和保护农业的社会化服务体系建设

与其他非农产业相比，无论是效益上还是规模上农业都是弱质产业，因此，发展现代农业离不开政府的支持和保护。从宏观方面来讲，我国政府必须通过投入统筹，加快在 WTO 框架下构建有效合理的农业支持保护体系。一定要用好"绿箱"政策，逐步提高财政预算内资金投入农业产业的比例，加大对农业基础设施、科研、教育、防灾减灾、技术推广与咨询、社区文化、公共卫生等的投入力度；进一步完善补贴方式，贴息支持农产品精深加工、农业科技开发、农业生产资料生产、高技术产业等发展，完善价格补贴、贸易补贴；通过财税政策和立法，进一步减免税费负担，清理各种不合理的乱集资、乱收费和乱摊派，创造有利于现代农业发展的环境；加强国家对农产品生产经营的市场开拓、预警和预测服务。从微观层面来看，加速地方政府职能的转变，由以往的组织管理向系统服务演变，由产中服务向产前、产中、产后全生产过程的服务转变，由生产服务向交换、分配、消费全方位拓展服务转变，重点强化科技服务、加强金融服务、完善市场服务。目前，政府要加快健全乡村交通与通信体系、技术服务体系、专业培训体系、农业科技创新体系、良种体系、市场信息体系、农业资源与生态环境保护体系、动植物保护体系、质量与标准体系、农村金融与保险体系、基础教育体系、加储运销体系、公共卫生保障体系、农资供销体系等农业社会化服务体系建设的步伐。

（4）加速农业集约化经营进程的同时创新国家农业科技体系

现代农业的本质是集约农业，主要通过资本投入的增加、土地的适度集中、科学技术的应用和有效的组织管理，在一定土地面积上通过规模化、专业化、精耕细作的经营模式，实现较高的经济效益，提高投入产出率。中国家庭经营资本欠缺、人多地少，必须充分发挥劳动集约的优势，适度推进资金集约、技术集约、管理集约相结合的集约化经营道路，重点在组织管理、科技创新、资金积累、开拓市场、技术示范推广等方面进行引导和支持。创新目前的农业科技体系是发展现代农业的主要方面。应遵循国际经验与农业科技发展规律，围绕现代农业的战略需求，通过财政增量投入、体制机制创新、资源优化整合，加快国家新型农业科技创新体系建设的力度；在高新技术发展、基础性研究、技术示范推广等层面系统布局，形成全国性科技自主创新新格局，提高全国科技系统整体的创新效率，以加强国际竞争力。国家级科技创新机构应着眼于全局性、战略性、前瞻性、关键性、基础性的工作，重点开展应用基础研究、农业基础研究以及高技术研究；省（市）级农业科研机构应打破行政条块分割，按照优势农产品生产区域布局，逐步走向联合，形成布局合理、协同高效、分工明确的区域创新中心，以区域共性关键技术、开发研究、应用研究为重点；地、县、乡农业科研机构以技术示范、成果转化、应用推广、服务当地生产为重点；农业高等院校的科研力量则侧重于基础理论研究、应用技术研究、高新技术探索，促进产学研、农科教的有机结合。

第七章 惠农措施是维护农民经济利益的政策保证

7.1 中央最新惠农政策

为了扶持农村发展，落实中央农村工作会议，紧紧围绕农业供给侧结构性改革，在 2017 年，中央财政继续加大支农投入，进一步巩固惠农措施。

7.1.1 对农民的直接补贴

1. 耕地地力保护补贴

在全国范围内实施，补贴对象原则上为拥有耕地承包权的种地农民。补贴资金继续通过"一卡（折）通"方式直接兑现到户，可与二轮承包耕地面积、计税耕地面积、土地承包经营权确权登记面积或粮食种植面积等挂钩。对已作为畜牧养殖场使用的耕地、林地、成片粮田转为设施农业用地、非农征（占）用耕地等已改变用途的耕地，以及成年抛荒地、占补平衡中"补"的面积和质量达不到耕种条件的耕地等不予补贴。具体补贴依据、补贴条件、补贴标准由各省（区、市）按照《财政部 农业部关于全面推开农业"三项补贴"改革工作的通知》（财农〔2016〕26 号）要求、结合本地实际具体确定。鼓励各地创新方式方法，以绿色生态为导向，将资金发放与地力提升挂钩，引导农民综合采取秸秆还田、深松整地、减少化肥农药用量、施用有机肥等措施，切实加强农业生态资源保护，自觉提升耕地地力。

2. 农机购置补贴

在全国范围内实施，补贴对象为直接从事农业生产的个人和农业生产经营组织，按照公平公正公开的原则确定。实施方式实行自主购机、定额补贴、县级结算、直补到卡（户）。具体补贴标准和实施要求按照农业部办公厅、财政部办公厅联合印发的《2015—2017 年农业机械购置补贴实施指导意见》（农办财〔2015〕6

号）和《农业部办公厅财政部办公厅关于做好 2016 年部分财政支农项目实施工作的通知》（农办财〔2016〕22 号）执行。各地要着力推行补贴范围内全部机具敞开补贴，暂不具备条件的省份，也要结合实际确定敞开补贴的重点机具品目，特别是对深松整地、免耕播种、高效植保、节水灌溉、高效施肥机具和秸秆还田离田、残膜回收、畜禽粪便资源化利用与病死畜禽无害化处理等支持绿色发展的机具实行敞开补贴。鼓励各地加大对粮食清选、烘干、仓储等收获后处理机械及农产品初加工机械补贴力度。

3. 玉米生产者补贴

在辽宁、吉林、黑龙江省和内蒙古自治区实施，补贴资金采取"一折（卡）通"等形式足额兑付给玉米生产者。对于土地流转的，补贴资金应发放给实际玉米生产者，如由土地承包者领取的，有关地方政府要引导承包者相应减少土地流转费，真正让玉米生产者收益。具体补贴范围、补贴对象、补贴依据、补贴标准由各省（区）根据本地实际情况自主确定。鼓励各省（区）将补贴资金向优势产区集中，自主确定不纳入补贴的"镰刀弯"地区等非优势产区范围。鼓励有条件的地区探索制定大豆、玉米补贴统筹方案，并统筹实施好玉米生产者补贴和粮豆轮作补贴，促进玉米结构调整。

7.1.2　支持新型农业经营主体发展

1. 新型职业农民培育工程

在全国范围内实施，立足农业主导产业、特色产业和优势产业发展实际，支持各地以专业大户、家庭农场、农民合作社、农业企业、返乡涉农创业者等新型农业经营主体带头人为培育对象，加快构建一批有文化、懂技术、善经营、会管理的新型职业农民队伍。鼓励各地创新培育方式，以生产技能和经营管理水平提升为主线，分段集中培训、实训实习、参观考察和生产实践相结合，按照不少于一个产业周期全程进行培育。对不同培育形式可实行差别化补助。青年农场主培育对象可结合实际适当提高补助标准，实行连续支持。鼓励有条件的地方探索"政府补贴、部门支持、机构让利、农民出资和先学后补"等补助模式。

2. 农民合作社和家庭农场能力建设

在全国范围内实施，以制度健全、管理规范、带动力强的国家农民合作社示范社、农民合作社联合社和示范家庭农场为扶持对象，采取以奖代补等方式，支持发展绿色农业、生态农业，开展标准化生产、市场营销等工作，进一步提升自身管理能力、市场竞争能力和服务带动能力。支持合作社示范社开展内部信用合作试点或特色农产品互助保险试点，发展集生产、供销、信用合作业务于一体的综合社。

3. 农业社会化服务体系建设

在全国范围内实施，利用农业适度规模经营补助资金，支持农业社会化服务等适度规模经营重大举措，鼓励各地采取政府购买服务等方式，加快粮食生产托管服务、病虫害统防统治、农产品加工流通等农业社会化服务体系建设。

7.1.3 支持农业结构调整

1. 粮改豆（粮豆轮作）试点

在内蒙古、辽宁、吉林、黑龙江省（区）实施，试点面积扩大到 1000 万亩，试点区域向东北冷凉区和农牧交错区集中。支持试点地区以玉米改种大豆为主，兼顾改种杂粮杂豆、马铃薯、油料、饲草等作物。中央财政对开展粮改豆试点的农户和新型经营主体给予适当补助。鼓励各地优先选择规模种植，在相对集中连片的地区开展试点。

2. 耕地休耕试点

在河北黑龙港地下水漏斗区、湖南长株潭重金属污染区、西南石漠化区（贵州、云南）及西北生态严重退化区（甘肃）实施，试点面积扩大到 200 万亩。中央财政对自愿开展休耕试点的农户和新型经营主体给予适当补助。

3. 粮改饲试点

在"镰刀弯"地区和黄淮海玉米主产区实施，具体包括河北、山西、内蒙古、辽宁、吉林、黑龙江、安徽、山东、河南、广西、贵州、云南、陕西、甘肃、青海、宁夏、新疆等 17 个省区和黑龙江省农垦总局。试点面积扩大到 1000 万亩。补助对象为规模化草食家畜养殖场户或专业青贮饲料收贮企业（合作社）。选择玉米种植面积大、牛羊饲养基础好、种植结构调整意愿强的县为试点县，实行整县推进，采取以养带种的方式推动试点区域种植结构调整，通过流转土地种植、订单生产或与农户协议收购方式，开展青贮玉米、燕麦、甜高粱、苜蓿和豆类等优质饲草料种植，收获加工成优质青贮饲草料产品，由牛羊等草食家畜就地转化。

4. 高产优质苜蓿示范建设

在河北、内蒙古、辽宁、吉林、黑龙江、山东、河南、陕西、甘肃、宁夏和黑龙江省农垦总局等苜蓿优势产区和奶牛主产区实施，支持饲草生产合作社、饲草生产加工企业、奶牛养殖企业（场）和奶农合作社开展高产优质苜蓿示范建设，主要用于改良苜蓿品种、实行标准化生产、改善生产条件、提升质量安全水平等方面。示范基地原则上集中连片 3000 亩以上。

5. 南方草地畜牧业发展

在安徽、江西、湖北、湖南、广东、广西、重庆、四川、贵州和云南等 10 省（区、市）实施。以农牧业合作社和相关涉牧企业为主体，重点建设一批草地规模较大、养殖基础较好、发展优势较明显、示范带动能力强的牛羊肉生产基地。合作社实施条件需集中连片承包流转草地 3000 亩以上、养殖肉牛肉羊 800 个羊单位以上，企业实施条件需集中连片承包流转草地 5000 亩以上、养殖肉牛肉羊 1200 个羊单位以上，实施主体需与周边辐射带动农户签订草产品、畜产品购销合同或劳动合同。

6. 海洋捕捞渔民减船转产、渔船更新改造及基础设施建设

在重点渔业省份实施，支持开展海洋捕捞渔民减船转产、渔船报废拆解、海洋捕捞渔船更新改造、人工鱼礁建设、渔港航标等公共基础设施建设，支持深水抗风浪养殖网箱、海洋渔船通导与安全装备建设。国家以赎买渔船的方式支持渔民和企业自愿退出海洋捕捞业，并按照"先减后补"的方式发放减船补助资金，每千瓦补助 5000 元。鼓励沿长江各省、市地方政府统筹中央有关转移支付以及地方有关资金，支持长江捕捞渔民的转产转业、休渔禁渔等工作。

7.1.4　支持农村产业融合发展

1. 现代农业产业园创建

支持各地由政府引导，以规模化种养基地为基础，以托农业产业化龙头企业为依托，集聚现代生产要素，建设一批"生产 + 加工 + 科技"的现代农业产业园。农业部、财政部将制定并公开国家级现代农业产业园认定标准，并按照"标准从严、自下而上、竞争性选拔、分批遴选"的原则，在地方自主申报、省级推荐基础上，通过竞争立项方式，择优认定 20 个、创建 60 个国家级现代农业产业园，中央财政通过以奖代补方式给予支持，并建立能进能出、动态管理机制。同时，鼓励地方通过政府与社会资本合作（PPP）、政府购买服务、贷款贴息等方式，撬动更多金融和社会资本投入园区建设，并支持地方统筹现有渠道资金，按照"渠道不乱、用途不变"的原则向园区适当倾斜，形成集聚效应。

2. 农村一、二、三产业融合发展

按照"基在农业、利在农民、惠在农村"的思路，鼓励各地以促进农民增收为核心，以延伸农业产业链、完善利益联结机制为切入点，着力构建农业与二、三产

业交叉融合的现代产业体系。中央财政采取以奖代补方式对农村一、二、三产业融合发展工作予以支持，重点支持带动或辐射农民分享二、三产业增值收益的新型农业经营主体，支持农户和农民合作社改善粮食、油料、薯类、果品、蔬菜、茶叶、菌类和中药材等农产品储藏、保鲜、烘干、清选分级、包装等装备条件，支持马铃薯主食化试点、产品流通和直供直销、农村电子商务、休闲农业、乡村旅游、农业文化遗产发掘保护、产业扶贫等工作。

3. 信息进村入户整省推进示范

完善农业信息服务体系，创新信息资源共享机制，通过竞争择优立项方式，选择发展基础好、运行模式成熟、地方积极性高的 5 个省开展信息进村入户整省推进示范。按照"政府引导、市场主体""民建公补、公管民营"的原则，采取先建后补、奖补结合的方式，对符合条件的益农信息社予以适当支持。鼓励各省与银行、保险、通信、电商等企业合作，因地制宜采取 PPP 等方式建设运营益农信息社。

7.1.5 支持绿色高效技术推广服务

1. 绿色高产高效创建

以主要粮食作物为主，适当兼顾棉花、甘蔗、大豆、马铃薯、油菜、花生、杂粮等作物，择优确定 200 个以上生产基础好、优势突出、特色鲜明、产业带动能力强的县，集成示范推广绿色高产高效技术模式。

2. 基层农技推广体系改革与建设

农技推广覆盖全国农业县（团、场），重点支持健全县乡村公益性农技推广服务网络，以提升基层农技人员业务能力，通过进村入户开展技术指导服务、建设农业科技试验示范基地、培育农业科技示范主体来加快农技推广信息化建设。

3. 农村土地承包经营权确权登记颁证

选择北京、天津、重庆、福建、广西、青海 6 个省份推进整省试点。中央财政按照每亩 10 元的标准给予补助。

4. 农垦国有土地使用权确权登记发证

在全国范围内开展，中央财政给予适当补助。

7.1.6 支持农业资源生态保护和面源污染防治

1. 草原生态保护补助奖励

在内蒙古、四川、云南、西藏、甘肃、宁夏、青海、新疆等 8 个省（自治区）

和新疆生产建设兵团实施禁牧补助、草畜平衡奖励和绩效评价奖励；在河北、山西、辽宁、吉林、黑龙江等 5 个省和黑龙江省农垦总局实施"一揽子"政策和绩效评价奖励，补奖资金可统筹用于国家牧区半牧区县草原生态保护建设，也可延续第一轮政策的好做法。对生存环境恶劣、退化严重、不宜放牧以及位于大江大河水源涵养区的草原实行禁牧封育，中央财政按照每年每亩 7.5 元的测算标准给予禁牧补助。对禁牧区域以外的草原根据承载能力核定合理载畜量，实施草畜平衡管理，中央财政对履行草畜平衡义务的牧民按照每年每亩 2.5 元的测算标准给予草畜平衡奖励。继续实施绩效评价，对工作突出、成效显著的地区给予资金奖励，资金主要由地方政府统筹用于草原生态保护建设和牧区生产方式转型升级等方面。

2. 耕地保护与质量提升

在全国范围内选择 300 个重点县，分区域、分作物推广一批化肥减量增效技术模式，依托新型农业经营主体，开展土壤培肥改良和科学施肥服务。根据不同区域土壤类型和作物布局，选择有代表性的重点县市，加强耕地质量调查和测土配方施肥基础工作。

3. 东北黑土地保护试点

在内蒙古、辽宁、吉林、黑龙江省（区）实施，适当扩大试点范围，以县为单位整体推进，支持开展控制黑土流失、增加土壤有机质含量、保水保肥、黑土养育等技术措施和工程措施，探索和总结可复制推广的黑土地保护利用技术模式、技术规范和工作机制。

4. 农作物秸秆综合利用试点

选择部分粮食主产区和农作物秸秆焚烧问题较为突出的省份开展农作物秸秆综合利用试点，适当扩大试点范围，实行整县推进，坚持多元利用、农用优先的原则。中央财政采取"以奖代补"方式予以适当补助，并根据绩效考核情况实行试点省份"有进有退"。

5. 渔业增殖放流

在流域性大江大湖、界江界河、资源退化严重海域等重点水域开展渔业增殖放流。增殖放流苗种应符合《水生生物增殖放流管理规定》（农业部令第 20 号）的要求。经济物种放流苗种供应单位必须符合《农业部办公厅关于进一步加强水生生物经济物种增殖放流苗种管理的通知》（农办渔〔2014〕55 号）的要求，按照政府采购等相关规定，严格依照已有品种的技术规程开展放流，加强公证公示，接受社会监督；珍稀濒危物种放流苗种供应单位须在农业部公告的珍稀濒危水生动物增殖放流苗种供应单位中选择，并选取一定比例进行标志放流。

6. 畜禽粪污资源化处理

按照中央支持、地方为主、市场运营的原则，在生猪、奶牛、肉牛养殖重点县范围内，采取县级申报、省级推荐、竞争择优的方式，选择50个县开展畜禽粪污资源化处理试点，支持规模养殖场和粪污收储运社会化服务组织改善粪污资源化处理、利用的设施条件，改造完善粪污收集、处理、利用等整套粪污处理设施，鼓励市场主体建设畜禽粪污集中处理设施，大力推动粪污资源化利用社会化服务组织发展。同时，鼓励地方通过政府与社会资本合作（PPP）、政府购买服务等方式，撬动更多金融和社会资本投入畜禽粪污处理和资源化利用工作，并支持地方利用生猪调出大县奖励等现有渠道资金，统筹用于畜禽粪污处理与资源化利用工作，形成集聚效应。

7. 旱作农业技术推广

以西北、华北为重点，支持河北、山西、内蒙古、陕西、甘肃、青海、宁夏、新疆等旱作区大力推广有关地膜科学使用、合理养护、适时揭膜、机械捡膜等集成技术模式，通过"以旧换新"等方式大力推进残膜回收利用，并确保"以旧换新"的新膜标准不得低于0.01毫米，严防形成更多"白色"污染。

8. 果菜茶有机肥替代化肥行动

按照县级申报、省级推荐、竞争择优的原则，在全国范围内选择果菜茶种植优势突出、有机肥施用技术模式成熟、产业发展有一定基础、地方有积极性的100个县开展有机肥替代化肥行动，以新型农业经营主体为承担主体，采取政府购买服务等有效模式，加快推进有机肥替代化肥，推进资源循环利用，探索一批"果沼畜""菜沼畜""茶沼畜"等生产运营模式，实现节本增效、提质增效。

9. 河北地下水超采综合治理

以黑龙江流域为重点，开展地下水超采综合治理，探索建立耕地休耕制度，推广农艺节水措施，推动农业结构调整。

10. 湖南重金属污染耕地综合治理

以长株潭地区为重点，创新治理机制，开展重金属污染耕地综合治理，调整种植结构，探索建立耕地休耕制度，加强耕地质量建设和污染修复治理。

7.1.7 支持农业防灾救灾

1. 农业生产救灾

重点支持各地开展农业重大自然灾害、生物灾害预防控制及应急救灾和灾后恢复生产等工作，同时支持牧区开展草原鼠虫害防治、边境草原防火隔离带建设等工作，鼓励植保、农机等社会化服务组织积极参与农业生产服务和救灾工作。补助对象为承担农业灾害预防和控制任务的，遭受农业灾害并造成损失的农业生产者，包括农户、直接从事农业生产的专业合作组织及相关企业、事业单位。

2. 重大动物疫病强制免疫

纳入中央财政补助范围的疫病种类包括口蹄疫、高致病性禽流感、小反刍兽疫、布病、包虫病。强制免疫疫苗集中招标采购继续由省级组织。允许对符合条件的养殖场户实行强制免疫"先打后补"的补助方式，开展"先打后补"的养殖场户可自行选择国家批准使用的相关动物疫病疫苗，地方财政部门根据养殖场户的实际免疫数量和免疫效果发放补助经费。强制免疫补助用于强制免疫疫苗、免疫效果监测评价和人员防护等相关防控工作，并对组织落实强制免疫政策、实施强制免疫计划、购买防疫服务等予以补助。强制免疫补助具体实施方式另行公开发布。

3. 重大动物疫病强制扑杀

纳入中央财政补助范围的疫病种类包括口蹄疫、高致病性禽流感、小反刍兽疫、布病、结核病、包虫病、马鼻疽和马传贫。扑杀补助标准为禽15元/羽，猪800元/头，奶牛6000元/头，肉牛3000元/头，羊500元/只，马12000元/匹，其他畜禽扑杀补助标准参照执行。中央财政对东中西部地区的补助比例分别为40%、60%、80%。各地可根据畜禽大小、品种等因素细化补助标准。

4. 养殖环节病死猪无害化处理

按照"谁处理、补给谁"的原则，各省（区、市）在中央补助经费的基础上，根据每头80元的标准，对病死猪收集、转运、无害化处理等各环节的实施者予以补助。中央财政补助经费有结余的，可统筹用于其他病死畜禽无害化处理工作。

7.1.8　大县奖励政策

1. 产粮（油）大县奖励

包括常规产粮大县奖励资金、超级产粮大县奖励资金、制种大县奖励资金、产油大县奖励资金。常规产粮大县奖励作为一般性转移支付，由县级人民政府统筹安排，合理使用。超级产粮大县在获得常规产粮大县奖励基础上，再获得超级产粮大县奖励，该奖励资金全部用于扶持粮食生产和产业发展。制种大县奖励资金全部用于制种基地基础设施建设、制种管理、新品种科技试验示范、仪器设备购置等制种产业发展相关支出。产油大县奖励资金全部用于扶持油料生产和产业发展，特别是用于支持油料收购、加工等方面支出。

2. 生猪（牛羊）调出大县奖励

包括生猪调出大县奖励资金、牛羊调出大县资金和省级统筹奖励资金三个部分。生猪（牛羊）调出大县奖励资金由县级人民政府统筹安排用于支持本县生猪（牛羊）生产流通和产业发展，支持范围包括生猪（牛羊）生产环节的圈舍改造、良种引进、污粪处理、防疫、保险、牛羊饲草料基地建设，以及流通加工环节的冷链物流、仓储、加工设施设备等方面的支出。省级统筹奖励资金由省级人民政府统筹安排用于支持本省（区、市）生猪（牛羊）生产流通和产业发展。

7.2 惠农政策评价：农民的参与

7.2.1 农户对惠农政策评价的参与率

调查数据显示，在此次调查涉及的 14 项惠农政策中，农户评价整体参与率达到 81.8%，这说明农民对切合自身利益的惠农政策认知度、关注度很高。对单个政策而言，农户评价参与率最高的是税费改革，为 97.1%；其次是基础设施建设和农业保险，为 95%；新型农村合作医疗和家电下乡的评价参与率也达到了 90%。较之而言，惠农政策评价参与率较低的政策分别是林权改革、新型农村养老保险和建材下乡，均不足 70%。林权改革政策受地理环境和自然资源的约束，政策只能惠及部分有林地的村庄；新型农村养老保险政策正处于起步试点阶段，加之投保长期性和年龄限制性的特点，政策受益范围和受益人群有限；建材下乡政策仍在处于探索设计期，尽管农民呼声比较高，但是具体的政策还未实施。整体而言，农民对惠农政策的评价比较中肯谨慎，只有切身感受的政策他们才给予评价。

7.2.2 农民对不同惠农政策评价的参与率比较

我们对不同惠农政策评价农户参与率作了简单分组对比，发现农民对不同的惠农政策评价的参与率存在比较明显的差异。14 项政策中，农民评价参与率达到 80% 的有 7 项，占总数的 53.7%；还有 17.6% 的政策评价参与率不足 70%。影响农民政策评价参与程度的因素主要是农民对政策的知晓度、认知度、参与度和受益度。惠农政策评价参与率达到 80% 以上的政策，基本上都具有长期性、普遍性、基础性、保障性的特点，只有家电下乡是短期性的政策。惠农政策评价参与率不足 80% 的政策，多项都具有一定的门槛，要么是政策导致的受惠资格有限，如农机下乡和小额信贷政策；要么是农户自身条件不合要求，如经济能力不足难以享受汽车下乡政策，年龄不满 60 周岁无法领取新农保养老金，无林地农户不能享受林权改革果实等等，例外的只有粮食补贴政策。总之，农民关注高、参与多、认知足、感受深、受惠广的惠农政策有税费改革、基础设施建设、农业保险、新农合和家电下乡。

7.3　惠农政策绩效：农民的评价

7.3.1　农民对惠农政策的整体性评价

调查显示，在 3617 份有效样本中，农户对 14 项惠农政策的评分均分为 3 分。我们可以判定，农户对 14 项惠农政策整体评价基本达到了"比较满意"的程度。但是其中最低分为 1.21 分，最高分为 5 分，极差为 3.79 分，这意味着不同农户对政策的评价存在一定差异。从峰度系数为 0.005 来看，农户对惠农政策的总体评分基本符合标准正态分布。偏度系数为 0.092，接近于 0，说明农户对 14 项惠农政策的总体评分呈对称分布，满意度较高的人数和满意度较低的人数相当。

7.3.2　农户对不同政策的评价分析

从惠农政策内容来看，税费改革和粮食补贴深受农民好评，小额信贷、农业保险评价一般。调查显示 14 项政策中，有 8 项政策评分的众数为 4 分或以上，比例达到 57%。其中，对惠农政策评分众数为 5 的政策有 2 个，即税费改革和粮食补贴，这两项政策农民主要给予了"非常满意"的评价。有 6 项政策评分的众数为 3 分，它们分别是：农业保险、小额信贷、林权改革、新农保、汽车下乡和建材下乡。新农保、林权改革和汽车下乡受政策条件、自然条件和经济条件制约，受惠面有限；而农业保险、小额信贷主要获得了"一般"的评价，意味着农民对这些政策存在着一定疑虑和不了解，或者说农民根本无法参与、不想参与。

从惠农政策的时效性来看，农民对推出时间早、实施时间长、受惠面积广的惠农政策评价最高。据统计，评价得分高于平均分的惠农政策有税费改革 4.48 分，粮食补贴 4.32 分，新农合 4.04 分，家电下乡 3.90 分。我们发现，除了家电下乡政策是 2007 年开始试点实施的，其他三项政策均是 2004 年以前就开始施行，至 2010 年这些政策已经执行了 6~9 年，这意味着时间可能会成为影响农民对惠农政策评价的因素之一。6 年以上的时间已经消除了政策的时滞效应，政策体系逐步完善，政策贯彻也日益深入，农民切实感受到了政策的好处；这些政策多具有普惠性、减负性、直接性、收入性的特点，政策带来的经济效益直接惠及每个农民，更加符合农民实用主义的价值观。

从惠农政策属性来看，农民对制度基础性惠农政策评价最高，对经济刺激性惠农政策评价最低。我们将 14 项惠农政策分成制度基础性政策、生产激励性政策、生活保障性政策和经济刺激性政策四类，分别测算出农民对不同类别惠农政策的基本评分发现：农民对制度基础性政策和生产激励性政策的评分最高，分别达到了3.95 分和 3.94 分；对生活保障性惠农政策的满意度与均值相当，也达到了 3.85分；对经济刺激性政策的评分最低，只有 3.70 分。农民对各类政策的满意度排名：农民对制度基础性政策和生产激励性政策的满意度最高，对生活保障性惠农政策的满意度与均值次之，对经济刺激性政策的满意度最低。

7.4　惠农政策完善：影响因素分析

惠农政策评价的区域差异性不明显。我们将农民对惠农政策的态度分为很不满意、不太满意、一般、比较满意、非常满意，从 1 分到 5 分依次进行赋值。然后算出每位受访者对 14 项惠农政策的平均分，依据平均分值对农民的惠农政策评价水平进行分组，标准如下：平均分 2 分以下为评价 1 组，2 ~ 3 分为评价 2 组，3 ~ 4 分为评价 3 组，4 分以上为评价 4 组。从分析的结果看，57% 的农户对惠农政策评价归于评价 4 组，35.3% 的农户选择在评价 3 组，二者合计达到 92.3%。可见，超过九成的农民认可中央的惠农政策。对区域与评分做卡方检验，显示相伴概率为0.131，大于 0.05 的显著性水平。这意味着不同地区对惠农政策的评价差异不大。惠农政策具有普惠性，各地农民普遍感受到了政策的好处。

少数民族对惠农政策认同感更强。调查显示，被访的少数民族农户中对惠农政策评分在评价 1 组和评价 2 组的共占 5.7%，评价 3 组和评价 4 组的共占 94.3%，汉族被访农户这两项所占比例分别为 8.2% 和 91.8%，少数民族对政策的满意度略高于汉族。原因可能在于惠农政策的实施切实给少数民族地区带来了实惠，再与该地区中央其他民族政策效益叠加，惠农政策的确加深了少数民族对中央政府的认同感，增强了民族向心力。

老年人对惠农政策的评价普遍更好。调查显示对惠农政策以"好评"的农户中，不论性别，60 岁以上的农民给出的比例是各个年龄层中最高的，分别为

37.2%和42.5%。这意味着，60岁以上的农民对惠农政策的整体评价最高，感觉最好。这是因为老年人多以务农为主，收入水平不高，生活需求低，崇尚简朴实用，易满足，由此他们对国家各种优惠政策更为敏感。实地调查中，我们经常能听到老年人对取消农业税、种粮补贴和新农保政策赞赏有加。国家政策对农村老年人的生产、生活影响很大，尤其是新农合和新农保政策，让老年人们实实在在享受到了实惠。

高学历人群对惠农政策评价更高。从受教育程度看，对惠农政策评分在"评价4组"的人群中，小学及以下、初中、高中、大专及以上学历的农户比例分别为33.8%、34.8%、39.5%和44.1%。可见，随着学历层次的提高，惠农政策的好评比例也逐渐上升。在"评价1组"中，小学及以下、初中、高中、大专及以上学历的农户比例分别为0.4%，0.1%，0.2%和0。在"评价2组"中，小学及以下、初中、高中、大专及以上学历的农户比例分别为7.1%，8.3%，6.5%和5.9%。可见，学历高的人群，政策认同度高，对惠农政策评价更为积极。

高收入人群对惠农政策更为肯定。通过分析调查数据，我们发现家庭收入状况与惠农政策的评价存在一定相关关系。家庭年收入在6万元以上的被访者中，对政策持"较好评"和"好评"的比例合计为94.4%，为各收入组最高。由此可以看出，家庭收入的两个极端组对政策评价明显不同，收入最低组对政策评价最低，收入最高组对政策评价最高，收入高低与政策评价好评度成正比。

空巢家庭更加受惠于惠农政策。从家庭类型看，农户对惠农政策评分在评价4组中，空巢家庭、扩大家庭、主干家庭和其他类型农户家庭的比例分别为37.2%、36.1%、37.3%、38.3%，较之这四类家庭类型，核心家庭比例明显偏低，为33.5%。空巢家庭型农户对惠农政策评分在评价3组和评价4组的比例共占94.1%，是所有家庭类型中最高的，意味着空巢家庭总体上对政策最为满意。空巢家庭是指子女成人后从父母家庭中分离出来，只剩下老年一代人独自生活的家庭。他们对政策满意度高，说明在惠农政策的扶持下，空巢家庭的风险降低，生活保障性得到加强。惠农政策正在形成一种缓冲机制，起到了对弱势群体的扶持作用。空巢家庭多是由老年人构成，这与前述老年人政策受益感最强的结论一致。

第八章　农业供给侧结构性改革是维护农民经济利益的现实要求

8.1　当前农业发展存在问题制约农民经济利益实现

"十二五"时期，中国迎来了农业农村发展的一个黄金期。数据显示，"十二五"期间，我国粮食生产连跨两个千亿斤台阶，连续3年稳定在12000亿斤以上，标志着农业综合生产能力显著提升；农民收入年均增长9.5%，连续6年实现"两个高于"，城乡居民收入比下降到2.9:1以下，农民生活显著改善。只是近年来，农作物种植品种越来越集中和单一，造成玉米、稻谷等大宗农产品积压严重，农民经济利益也受到影响。全面建成小康社会，加快建设现代农业，提高农民经济利益，就必须认真解决农业发展中存在的问题。

8.1.1　农产品有效供给不足

供给和需求是经济学里的两个概念，市场的均衡过程就是商品价格均衡的过程，即商品市场上需求和供给这两种相反的力量共同作用的结果。当前农产品产量大、质量差、成本高，品种结构不合理，与市场需求脱节，形成不了有效供给，与人民群众日益提高的需求存在明显的脱节。例如，截至2015年，我国粮食生产实现了十二年连增，粮食总产量增长到了6.2亿吨，但食用油料、油脂对外依存度仍在不断上升，2015年大豆进口量再创新高，增至8100万吨。总体上来看，当前农业结构性矛盾突出、供求关系发生了新变化，同时城镇化加快、人们的消费结构和水平也明显提高，一般的农产品不缺，但是优质、绿色农产品是不足的。伴随着人们生活水平的不断提高，以及健康观念不断增加，人们对于优质、绿色农产品需求也在不断增加，因此国内市场短缺的优质、绿色农产品恰恰便是提高农民经济利益的着力点。国外大量水果、大米等农产品涌入中国，以及国人在海外"代购""抢购"等等，其实就是有效供给不足的现实映射。解决供给失衡问题，满足人民群众生产生活需要，维护农民经济利益就必须增加这些优质、绿色农产品的生产。

8.1.2　资源环境形势严峻

满足农民经济利益需要金山银山，更需要绿水青山。绿水青山就是金山银山，建设生态文明是关系人民福祉、关系民族未来的大计。近年来，一些污染大量下乡，城市空气污染治理了，可城市周边农村的环境污染却日益严重。2011 年，环境保护部组织对全国 364 个村庄开展了农村监测试点工作，结果表明，环境空气质量达标的村庄占 81.9%；农村地表水为轻度污染；农村土壤样品超标率为 21.5%，垃圾场周边、农田、菜地和企业周边土壤污染较重。另一方面，为了增加产出，耕地方面，化肥、农药用量相当大。2015 年，农业部就曾提出并打响了农业面源污染防治攻坚战，提出"一控两减三基本"的目标。2016 年"中央一号文件"再次提出，"加大农业面源污染防治力度，实施化肥农药零增长行动，实施种养业废弃物资源化利用、无害化处理区域示范工程。"这就需要我们把绿色发展摆在更加突出的位置，一手抓资源保护，一手抓废弃物的治理，努力把农业资源过高的利用强度缓下来，把面源污染加重的趋势降下来。

8.1.3　主要农产品国内外价格倒挂

近年来，国产棉花、白糖、大豆、小麦、玉米等成本与价格远高于国际市场，部分品种国内市场价格与进口成本的价差在 3000 ~ 4000 元/吨，这为农产品大量进口创造了条件与机会，并对国内农业生产和农产品市场造成了较大冲击。国外农产品的大量进口，势必威胁到我国农民的经济利益。根据海关数据统计显示，2014 年我国总体进口猪肉以及猪杂碎 137 万吨，其中猪肉进口量为 56 万吨，进口猪肉的主要来源国为美国、德国、西班牙以及丹麦，分别占我国进口猪肉的 20.7%、18.9%、16.2% 以及 11.9%。2015 年，上述数据更新为全国进口肉类总量 244.79 万吨，其中，进口牛肉 48.53 万吨，同比增长 40.6%；进口羊肉、猪肉、禽肉分别 23.26 万吨、133.71 万吨、39.30 万吨。就在本土猪肉价格一路上涨的时候，大量美国的生猪进入了中国。价格仅为 2.5 元一斤，比本土生猪价格足足便宜了 6 元钱，号称 20 年难解的猪周期还受到史上最高进口量的洋猪肉挑战。价格倒挂现象不解决，农业发展空间就会受限，农民经济利益就难以保证。

8.1.4　体制机制制约农业发展

进入工业化中后期以来，农民经济利益的实现，既面临机遇，也有挑战。我国城镇化步伐不断加快，城乡人口结构、就业结构、社会结构深刻调整，给农业农村发展带来新的机遇和挑战。把握机遇、应对挑战，要求我们必须深入推进农业农村体制机制创新。比如说，流转土地经营权就是"两权分离"农地制度的重要目标之一。但是，目前土地流转过程中还存在不少矛盾，包括土地权属不清，土地权证发放不到位，或者经常调整承包地，导致农民对土地缺乏稳定预期，心存疑虑不愿流转；各地不同程度地存在土地流转"非粮化"现象，而且越是发达地区越为突出，一些地方还出现土地流转"非农化"；转出土地的农户对流转价格普遍存在上升预期，造成土地流转短期化，影响了土地经营者加强农业基础设施建设的积极性。在农业生产形式和规模等方面，我国也比较落后。单个生产者经营规模较小，既不利于农业生产效益的提高，也使得农产品生产成本居高不下，农民经济利益肯定受损。中央农村工作会议认为，要通过发展适度规模经营、减少化肥农药不合理使用、开展社会化服务等措施降低生产成本、提高农业效益和竞争力，进而实现农民的经济利益。由此看来，必须通过改革征地制度、建立城乡平等就业制度、完善农村金融制度等农村体制机制创新，改变城乡资源要素交换方式，使农村土地、劳动力、资本等资源要素以合理价格进入市场，以最大限度地维护农民经济利益。

8.1.5 农民增收面临考验

全面建成小康社会，城镇化是主要推手，城镇化的过程就是提高农民经济利益的过程。所以，城镇化必须以"农民"为核心，具体来说就是要解决三个"一亿人"问题，即促进一亿农业转移人口落户城镇，改造约一亿人居住的城镇棚户区和城中村，引导约一亿人在中西部地区就近城镇化。随着新常态下经济增速回落到中高速增长区间，农产品市场需求走弱，农户务农种粮收益有限，比较效益较低的问题较为突出。从数量增长来看，2011—2014 年，农民工外出数量分别增长了 1055万、983 万、633 万和 501 万，增幅逐年下降；从工资增幅来看，近几年增幅下降表现得更为明显，2012 和 2013 年工资性收入名义增长分别为 16.3% 和 16.8%，2014 年仅增长 9.8%。今后，在经济增速放缓、结构调整和产业转移等多重因素的影响下，农民工就业和工资水平增长也将受到一定影响。在经济新常态语境下，如何促进农民持续增收，如何鼓起农民朋友"钱袋子"，如何有效缩小城乡差距，都必须做到精准施策、分类指导。比如，在东北地区，家庭经营收入特别是粮食生产收入对农民增收有重要影响；在河南、安徽、重庆等劳动力转移较多的地区，农民工资性收入的增长对增收的贡献率较高。唯有从各地经济社会发展实际出发，明确农民增收的主渠道和着力点，拓展农业内部增收空间，才能不断提高农业产业效益，解决农民工背井离乡问题，从整体上拉紧农民群众"钱袋子"。

推进农业供给侧结构性改革，主要就是要解决三个方面的问题：一是适应市场需求，改善农产品的供求关系。二是提高农业的质量和效益，增加农民的收入，维护农民经济利益。三是促进农业转型升级，提高竞争力。其实，过去的农业结构调整，是在向市场经济转型过程中进行的，主要是通过行政手段来推动；而此次要进行的农业供给侧结构性改革，则主要是用市场的手段，通过改革来引导市场主体行为，进而促进结构调整。

8.2　农业供给侧结构性改革的必要性

2015 年 11 月 2 日，第十二届全国人民代表大会常务委员会第十七次会议公布的《农业法》实施情况报告显示，"政策性粮食库存积压比较严重，有10%左右的库存达到或超过正常储存年限。"生产量、进口量、库存量出现"三量齐增"，足以凸显农业主要矛盾已经由总量不足转变为结构性矛盾，因此，必须深入推进农业供给侧结构性改革，加快培育农业农村发展新动能，以开创农业现代化建设新局面。

8.2.1　农产品生产成本过高且供求结构失衡

当前农业生产中出现的农产品供求结构失衡、生产成本过高、资源错配及透支利用等突出问题，就是供给侧结构性矛盾的集中显现。其实，农业领域面临的上述情况与制造业、服务业非常相似，"都是供应侧出现了结构性问题，中低端产品过剩，高精端产品稀缺"。长此以往，对于维护农民经济利益是有百弊而无一利的。而要扭转目前的这种情况，必须在供应侧进行改革，将目前对中低端一般性产品的过度生产逐步向高精端特殊性产品的生产过渡。最直接来看，深入推进农业供给侧结构性改革将进一步加快中国从传统农业向现代农业的转变，其中包括：由注重数量增长向总量平衡、结构优化和质量效益并重转变；由小农户分散经营为主向专业化的适度规模经营转变；由过度依赖农业要素投入规模扩张向主要依靠科技进步和制度创新转变；由增加化肥、农药等投入品的不可持续发展向绿色生产和可持续农业转变。

8.2.2 挖掘农民增收新潜力培育增收新动能

农民经济利益实现的关键是农民的钱袋子鼓起来了没有，是检验农业供给侧结构性改革成效的重要尺度。农业供给侧结构性改革成不成功，要看供给体系是否优化、效率是否提高，更要看农民是否增收、是否得实惠。当前农业不用交"农业税"，国家还给发放种粮补贴，但农民收入仍然不够乐观。尤其是中西部农民，家里如果再有大学生或者家人患大病的话，日子过得就更紧巴了。要推进农业供给侧结构性改革，就必须将农民是否增收作为农业供给侧行改革的"试金石"。通过供给侧结构性改革，农民根据市场价格信号选择种什么，让价格信号充分反映市场供求关系变化，同时确保粮食产能不能下降，确保农村社会稳定。推进农业供给侧结构性改革无疑也有助于拓宽农民增收新渠道，挖掘农民增收新潜力，培育农民增收新动能。

8.2.3 保护农业生态势在必行

从现实来看，我国农业生产方式落后，生产周期比较长。由于在生产过程中产生的有害、有毒物质进入土壤，积累到一定程度，超过土壤本身的自净能力，导致土壤形状和质量发生变化，构成对农作物和人体的影响和危害。目前，我国农村土地整治偏重于新增耕地目标，对原有的农村土地利用及生态环境问题关注和治理不够。随着农产品的供给侧向生态、绿色转变，必将大大减少农药和化肥的利用，从而改善土地的污染程度，提高土地生产的可持续性。

总之，推进农业供给侧结构性改革，是当前的紧迫任务，也是农业农村经济工作的主线，更是破解农业发展难题、加快农业现代化的必然要求。通过不断深化农业供给侧结构性改革，使农产品的品种、品质结构更加优化，玉米等库存量较大的农产品供需矛盾进一步缓解，绿色优质安全和特色农产品供给进一步增加；中国将在优化农业结构上开辟新途径，在转变农业发展方式上实现新突破，在维护农民经济利益上取得新成效，在建设新农村上迈出新步伐。对于农业供给侧结构性改革，中央自始至终都很重视。对于农业供给侧结构性改革，中央经济工作会议还做出了总体指导，涵盖农产品价格形成机制改革、土地改革、农村产权改革、农产品质量、农村生态、农民增收等方面。中央农村工作会议，更是讨论了《关于深入推进农业供给侧结构性改革，加快培育农业农村发展新动能的若干意见》。过去主要解决农产品供给总量不足问题，现在要在促进供求总量平衡的同时，注重提升质量效益，促进可持续发展。以国家集中连片贫困地区秦巴山区为例，这里的不少农业企业主打"绿色环保"牌，生产无公害的农产品，不但市场销路大大拓展，农产品的价格也得到大幅提升，农产品的效益更加显著。推进农业供给侧结构性改革，涵盖范围广、触及层次深，是农业农村发展思路的一个重大转变。《中共中央、国务院关于深入推进农业供给侧结构性改革加快培育农业农村发展新动能的若干意见》就明确指出："优化产品产业结构，着力推进农业提质增效；推行绿色生产方式，增强农业可持续发展能力；壮大新产业新业态，拓展农业产业链价值链；强化科技创新驱动，引领现代农业加快发展；补齐农业农村短板，夯实农村共享发展基础；加大农村改革力度，激活农业农村内生发展动力。"

8.3 推进农业供给侧结构性改革的实践路径

能否抓好"三农"问题，对于中国未来发展全局有着重要的战略意义。2017年的"中央一号文件"就明确提出"把深入推进农业供给侧结构性改革作为新的历史阶段农业农村工作主线"，同时明确了目标、方向、底线等重大问题。2017年3月8日，习近平总书记参加十二届全国人大五次会议四川代表团的审议时就曾强调，要深入推进农业供给侧结构性改革，坚定不移打赢脱贫攻坚战，扎实开展创新创造，营造风清气正的政治生态，统筹做好稳增长、促改革、调结构、惠民生、防风险各项工作。

8.3.1 推动科技兴农深化科技体制改革

中国人多地少、人多水少，确保农产品有效供给，根本出路在科技。就当前而言，我国农业农村经济发展也已经到了必须更加依靠科技实现创新驱动、内生增长的历史新阶段。2016年，我国农业科技进步贡献率达到56.65%，主要农作物耕种收综合机械化水平达到63%，主要农作物良种覆盖率超过96%，畜禽水产品种良种化、国产化比重逐年提升。今年，农业部印发了《"十三五"农业科技发展规划》，明确提出"十三五"期间农业科技发展的总体思路是：深入实施创新驱动发展战略和藏粮于地、藏粮于技战略，以推进农业供给侧结构性改革为主线，以保障国家粮食安全、重要农产品有效供给和增加农民收入为主要任务，以提升质量效益和竞争力为中心，以节本增效、优质安全、绿色发展为重点，不断提升农业科技自主创新能力、协同创新水平和转化应用速度，为现代农业发展提供强有力的科技支撑。可见"十三五"时期，推进农业供给侧结构性改革步伐，必须以科技为支撑走内涵式现代农业发展道路，调整科技创新方向、优化科技资源布局、推进重大科研攻关、深化科技体制改革，实现藏粮于地、藏粮于技。

8.3.2 种养转型做大规模农业

近年来，各地科学谋划，培育发展了一批农业产业集群，带动成千上万的农户致富。但在看到成绩的同时，我们也应清醒地看到，农业产业集群还处于培育发展阶段，整体规模不大，年销售收入超 100 亿元的产业集群还较少。规模不大，导致带动农户能力不强，产业集群聚集程度不高，由此带来了产业协作配套能力不强，联结辐射带动能力较弱，与农户利益联结机制不够紧密，难以有效带动农业产业发展。另一方面，集群整体规模不大，这使得产业链条不长初加工产品比重较大，产品附加值低。这就需要以"三权分置"改革为主线，有效促进农地流转和市场配置；引导开展多种形式的土地流转，解决"农户小规模、土地细碎化"问题；强化农机一站式服务平台建设，加强技术、农机推广和服务。通过统筹规划实施土地整治、农业综合开发、"小农水"等建设项目，为发展农业适度规模经营奠定基础，并持续开展农民合作社规范化建设，鼓励农业企业、农民合作社等经营主体以众创、众包、众筹、众扶等多种形式发展分享合作经济新模式，实现优势互补、利益共享、协同发展。

8.3.3 品牌化战略助力农业发展爬坡过坎

农业现代化的核心在于农业品牌化。在信息化浪潮席卷全球的今天，要做好农业，就必须懂市场运营，注重品牌包装。实施农业品牌发展战略应该以加快调结构转方式为主线，坚持政府推动、市场引导、行业促进、企业为主、社会参与的基本原则，以提升我国农业的竞争力为目标，不断促进农业品牌化健康发展。应当引导品牌发展布局，由各级农业部门组织领导，围绕当地的优势产业，制定并实施当地农业品牌发展规划。在培育品牌创建主体方面，应加强对企业、农民合作组织、行业协会等品牌创建主体的培育，培养一批优秀的农业企业家，发展壮大农业品牌建设的优秀人才队伍。应当逐步构建品牌发展的工作机制和保障机制，构建完善的政策制度保障体系，为农业品牌建设安排专项资金，加大品牌农业生产的财政支持力度。当然，品牌农业发展离不开发展模式创新，在"互联网＋现代农业"蓬勃发展的时代背景下，可以充分利用互联网技术，形成信息共享、技术共享、资源共享格局，推动农业发展爬坡过坎。

8.3.4　围绕"绿色主线"发展生态循环农业

生态循环农业，简单地说，就是在良好的生态条件下所从事的"三高农业（高产量、高质量、高效益）"。生态循环农业不单纯地着眼于当年的产量，当年的经济效益，而是追求三个效益（经济效益、社会效益、生态效益）的高度统一，努力促使整个农业生产步入可持续发展的良性循环轨道，把"青山、绿水、蓝天、生产出来的都是绿色食品"梦想变为现实。发展生态循环农业应深入开展特色优势产业技术研发，进一步推动产学研结合和企业自主创新，提高标准化精深加工转化能力；应把"绿色"作为发展现代农业的主线，积极培育绿色发展经营主体，做好政策和市场信息服务、技能培训等工作，引导农业经营主体淘汰落后的生产模式，提高调结构的本领，深入推行资源节约型、环境友好型的绿色生产方式；应加强对新农民的培训教育，发展以休闲农业、乡村旅游等美丽经济为代表的新产业新业态；应精心打造农业全产业链，探索"公司＋合作社＋基地＋农户"模式，做足做大做强农业"接二连三"产业融合大文章，提升农业种植、生产、经营、管理和服务水平，开辟现代农业增效新路径；应建立完善农产品品牌培育保护机制，引导民间资本围绕特色农产品开发，大力发展无公害食品、绿色食品、有机食品。

8.3.5　"互联网＋"农业拓展发展新空间

科技改变世界，网络精彩生活。国务院总理李克强表示，最近互联网上流行的一个词叫"风口"，"我想，站在'互联网＋'的风口上顺势而为，会使中国经济飞起来"。何为"互联网＋"？其实，"互联网＋"就是把互联网的创新成果与经济社会深度融合，推动技术进步、效率提升和组织变革，提升实体经济创新力和生产力，形成更广泛的以互联网为基础设施和创新要素的经济社会发展新形态。当前我国农业产业链系统效率低下，农业现代化程度依然很低，产业链面临"内忧外患"，拥抱互联网也就成了农业未来的新出路。作为最传统的产业，农业被互联网改造的潜力最大。"互联网＋农业"实现的是农业产业的跨越式发展，不再只是简单地把互联网接入农业，或者农业融合互联网，从而实现去中间化，提升效率等旧有模式，而是成功地将互联网与社会资本带入驱动农业发展的轨道中。"互联网＋农业"正处风口，吹来了机遇，也有挑战，当巨大发展与产业升级的机会迎面而来时，中国农业要想迎风起飞，就必须加快培植"互联网＋"新业态，加快构建电子商务经营服务体系，加快打造具有品牌效应的农产品集散中心、物流加工配送中心和冷链物流体等基础设施网络，促进农产品消费升级，拓展农业发展新空间。

农业强则中国强，农村稳则中国稳。推进农业供给侧结构性改革是"三农"领域的一场深刻变革，也是一个长期过程，必须处理好政府和市场关系、协调好各方面利益。在"十三五"开局之年，供给侧结构性改革已经取得了有目共睹的成绩；在 2017 年这一供给侧结构性改革的深化之年，更应以农业供给侧结构性调整、促进农业供给侧结构性改革的体制机制创新为抓手，努力走出一条集约、高效、安全、绿色的现代农业发展道路，不断开创农业农村改革发展的崭新局面。

第九章　城乡一体化发展是解决农民经济利益的最终途径

研究中国农民经济利益问题的最终目的是从根本意义上解决农民的经济利益问题。新中国建立至今，中国农民经济利益的满足程度（除去三年自然灾害以外）是逐年提高的，既然农民经济利益实现的程度在提高，尤其在改革开放后农民经济利益的实现也得到很大的满足。那为什么随着改革开放的深入，"三农问题"开始凸显并一度成为一个亟待解决的社会难题？从前面章节论述中，我们可知产生"三农问题"的原因很多，既有"市场经济"排斥"小农经济"的原因，也有"现代工业"挤压"传统农业"利润空间的因素，等等。笔者认为，最主要的原因有两个：一是"市场经济"使资本聚集于城市，城市相对富裕，农村相对贫穷；二是"现代工业"使城市产业更加强大，从而使发展传统农业的农村更加弱小。由此可见，城乡发展的不均衡才是"三农"问题产生和凸显的根本原因，同时也是农民经济利益相对受损的关键因素。从这个意义上来说，统筹城乡发展，均衡城乡资源，实现城乡一体化发展是解决我国农民经济利益问题的最终途径。

9.1　城乡一体化发展的理论依据与制度变迁

通过以前各个章节的研究论述来看，城乡二元结构不仅仅是制约我国农民经济利益实现的根本原因，也已经成为制约我国经济社会持续发展的瓶颈因素。鉴于此，我党在十七届三中全会就提出了"城乡经济社会发展一体化新格局"的要求，该项政策的重大影响力绝不亚于土地承包责任制对解放生产力的作用。因为它标志着我国城乡二元体制将逐渐走向终结。统筹城乡一体化发展对推进我国经济体制改革，最终实现我国农民的经济利益问题具有深远的现实意义。

9.1.1　城乡一体化发展的理论依据

美国经济学家刘易斯为了解释说明发展中国家的工农城乡之间的对立运动过

程，他在发展经济学领域第一次提出二元经济结构这个概念。相对于我国来讲，城乡二元经济结构的形成和发展是由当时的经济基础和具体的制度政策所决定的。城乡二元经济结构存在的经济基础是低下的生产力发展水平，其制度基础是高度集中的计划经济体制下城市和乡村的所有制成分的差异，即城镇区域以全民所有制为主，乡村区域以集体所有制为主。用厉以宁的话来说就是"计划经济体制实质上有两个主要支柱：一是政企不分、产权不明的国有企业体制，二是城乡分割、限制城乡生产要素流动的城乡二元体制。"从理论上讲，随着社会主义市场经济体制的逐步完善，城乡之间的均衡发展，二元经济结构存在制度基础和产业基础都会丧失。

城乡发展一体化既是社会主义市场经济发展的必经阶段，又是破解二元经济结构的关键手段，更是最终实现农民经济利益的根本途径。城乡发展一体化是一个以人为核心，以城镇化为手段的受各种不同因素影响的极其复杂的发展过程。李克强总理指出："推进城镇化，核心是人的城镇化。"在城乡发展一体化的众多理论中，推拉理论对城乡均衡发展中人口的变迁有着重要的指导意义。1880 年，英国学者雷文斯坦在《人口迁移规律》一书中提出了七条人口迁移规律，这些规律被认为是"推拉理论"的渊源。20 世纪 50 年代末依据运动学理论系统地提出人口"推拉理论"的学者是唐纳德·博格，他认为，人口转移是"推和拉"两种不同方向的力相互作用的结果：一种是正面的积极因素，形成促使人口转移的力量；另一种是负面的消极因素，形成阻碍人口转移的力量。在迁出地起主导作用的"推力"把原居民推出其常住地；在迁入地起引导作用的"拉力"把外地人口吸引过来。具体到我国的城镇化问题，城镇形成的拉力因素主要有：较高的经济收入、较多的工作机遇、完善的公共设施等等。农村产生推力的因素主要有：较低的经济收入，日益恶化资源环境、较少的就业机会、较高的生产成本等等。就我国目前来看，"推拉"理论已经表现出历史局限性，"推拉"内涵都发生了根本变化。我国农村人口向城镇转移，其拉力主要来自工业化、城镇化、信息化的发展水平，其推力主要来自农业现代化的发展。党的十八大报告指出："城乡发展一体化是解决'三农'问题的根本途径。"并提出了推动城镇化与工业化良性互动、城镇化和农业化现代化相互协调，促进工业化、信息化、城镇化、农业现代化"四化"同步的发展战略。因此，当前推进城乡发展一体化，必须按照"四化同步"的要求，积极实施"一手拉、一手推"战略。"一手拉"，就是加快工业化、信息化和城镇化步伐，拉动农民转向非农产业，进入城镇生活；"一手推"，就是加快农村产权制度尤其是土地承包经营权流转，推动城乡资金、管理、技术等要素流动，变家庭小规模经营为多主体大规模经营、传统农业为现代农业，把更多农民从土地里面解放出来。

10.1.2　城乡一体化发展的必要性

首先，通过发展城镇化减少农民数量来提高农民经济利益。众所周知，制约农民经济利益实现的原因很多，其中主要原因之一是农民人口太多，农村资源太少。由此可见，提高农民经济利益的途径有三个。一是减少农民数量；二是增加农村有效资源供给；三是减少农民数量同时增加农村资源的有效供给。城镇化的发展恰恰是既减少了农民的人口数量又通过国家财政支持发展现代农业和增加农村的公共资源供给。从这个意义上来说，城乡一体化发展的确是提高农民经济利益的最佳途径。2005年，中国科学院面向全社会发布了具有前瞻性和权威性的年度报告《中国可持续发展战略报告》，该报告指出，为了我国实现现代化的总体进程，从2005年起到本世纪中叶，我国城市化率将从现在的40%提高到75%左右。这意味着每年提高0.7%~0.8%的城市化率就可以满足国家层面现代化进程的宏观要求。具体到减少农民的数量而言，即45年间每年大约有1000万至1200万人口转移到城镇工作即可。亚里士多德曾经说过："人们来到城市是为了生活，人们居住在城市是为了生活得更好。"农村人口城镇化是现代化进程的必然趋势，农民进城打工不仅仅为了生存而是为了发展和获取更好的生活，满足农民对城市生活的向往和追求就是从根本上实现了农民的经济利益。依据人口学中的人口流动规律可知，一般情况下，劳动力流动遵循就高原则，即人口总是从边际效益低的行业和区域流向边际效益高的行业和区域。因此，农民从经济收益低、就业机会少、公共设施差的农村向经济收益高、就业机会多、公共实施好的城市迁徙转移是不以人的意志为转移的规律。而二元结构恰恰是限制了农村人口向城市迁徙移动的体制性障碍所在。因此，只有打破城乡分割格局，统筹谋划城乡整合发展，才能实现我国城镇化的持续快速发展。其次，是从宏观上解决"三农"问题的需要。我国是一个农村区域大、农民人口多、农业基础薄弱的大国。农业是弱质产业、农村是落后区域、农民是弱势群体，这就是"三农"问题的真实写照。十七届三中全会《决定》指出，农业基础仍然薄弱，最需要加强；农村发展仍然滞后，最需要扶持；农民增收仍然困难，最需要加快。这"三个"最需要，是对强化"三农"工作必要性和紧迫性的最新概括。解决"三农"问题其根本就是使弱质农业强起来，使落后农村好起来，使贫穷农民富起来，最终实现农业产业化、农村城镇化、农民市民化。在解决农民的温饱问题上，我们在农业和农村的内部就可以解决了，但是要解决农民的小康乃至富裕问题，就必须站在统筹城乡发展的高度来解决问题了。一定要把农业放在国民经济甚至世界经济的大循环中去思考，要把整个农村放在社会发展的进程中去建设，要把农民收入放在整个国家国民收入的再分配中去考虑。一定要改变过去那种就农业抓农业，就农村抓农村的单向思维，而要运用系统性思维去突破城乡二元结构的体制性障碍和两者各自平行发展的失衡状态。贯彻落实科学发展观，统筹谋划城乡两大不同区域、不同产业的协调发展，加紧推进城镇化，实现资源城乡共享、不同产业优势互补、市场互动、人力互助的城乡一体化发展结果。再次，是顺应经济全球化的需要。我国加入 WTO 以来，在有效应对经济全球化挑战的同时抓住经济全球化的机遇，经济获得飞速发展。目前，经济全球化的步伐不断加快，各国之间的竞争将会加剧，国与国之间的各种壁垒也将被打破。为了提高整个国家的竞争力，避免出现"中国的城市像欧洲，中国的农村像非洲"的状况，我国城乡之间应在平等基础上发展经济，全面进行资本、技术等合作。虽然目前我国的取消农业税以及对种地农民进行适当补贴等政策对缩小城乡差距满足农民经济利益具有重大现实意义，但是从长远来看，这些措施还是属于治标的政策。只有不断深化改革进行体制创新，彻底消除城乡发展的二元体制，从根本上理顺城乡的经济社会关系，才能产生治本之策。

9.1.3 城乡一体化发展的制度变迁

依据西方新制度经济学的相关制度变迁理论，改革二元体制将是我国经济社会制度的一次深刻变迁。内在动力和外部竞争的共同作用导致制度变迁，且制度变迁有两种形式。一是诱致性制度变迁，指人们在追求由制度不均衡引致的获利机会时所自发组织和实行的制度变迁。二是强制性制度变迁，指由政府命令和法律引入并实行所引起的制度变迁。从宏观层面上来讲，我国目前的城乡二元体制的生成就是强制性制度变迁的产物，体现了政府主导的强制性变迁特征。但是逐步破解二元体制的过程则充分体现了社会自下而上的诱致性制度变迁特点。新中国刚建立时，当时的国际形势及国内具体现实要求我国必须优先发展重工业。但是在当时的资源禀赋条件下，要发展重工业就必须取消市场经济体制，人为地压低资本，致使能源、原材料及农产品的价格非常低，政府实行计划经济体制利用国家的力量来压低重工业发展的成本，并且在全国范围内对农产品进行统购统销政策，以工农产品价格的剪刀差形式从农民身上提留积累来支持重工业的发展。当时国家采取法令形式强制推行城乡分割的二元管理体制，在这种制度下，国家集中财力进行城市建设，农村则长期由于基础设施、教育、医疗等方面的投入不足而形成"三农"问题。随着我国经济社会逐步发展，二元结构就演变为制约农民经济利益的最大障碍。于是，一场轰轰烈烈的旨在获取自己经济利益的农村自发改革开始了。首先是 18 户安徽凤阳小岗村农民在 1978 年冒着"现行反革命"风险，在生产队内部搞起了大包干。很快地中央政府肯定了他们的做法，从 1982 年起，政府连续发了五个"一号文件"确立了家庭联产承包责任制。90 年代中期，随着城市化步伐的加快，由于土地制度的固有缺陷，地方政府在土地问题上侵害农民经济利益的现象越来越普遍。为了规范土地市场及保护农民的经济利益，苏浙一带发达县域的乡镇和村一级开始建立土地流转管理服务中心或者土地信托管理中心，为在全国更大范围内实现土地承包经营权市场化流转提供了成功的实践经验和范例。进入 21 世纪，为了保护农民经济利益及遏制城乡之间的非均衡发展。2002 年，党的十六大在确立全面建设小康社会的基础上，针对二元经济结构提出了统筹城乡、协调发展的方针。紧接着 2003 年的十六届三中全会把此方针列为科学发展观的重要内容。2005 年，中央出台政策以新农村建设来振兴农村经济；2007 年党的十七大提出"以工促农、以城带乡长效机制，形成城乡经济社会发展一体化新格局"，并且把成都和重庆作为改革统筹城乡综合配套的试验区。2008 年，十七届三中全会的《决定》明确提出要把加快形成城乡经济社会发展一体化新格局作为根本要求。此轮旨在破解二元经济结构的制度变迁使国家在财政投入方面开始向农村倾斜。此外，广泛的社会呼吁和社会力量的支持也有助于制度变迁的顺利进行。从此二元经济结构开始朝着城乡一体化路径质变。由此可见，破解二元结构的体制安排发端于诱致性制度创新，形成完善于政府强制性的制度变迁，直到今天最终实现城乡一体化的整个国家战略发展层面的目标。

9.2 城乡一体化发展的典型案例与经验启示

党的十八大召开后，我党提出在 2020 年全面建成小康社会的具体目标，实现该目标的重点在农村，难点是如何增加农民收入、满足农民的经济利益。李克强总理提出了"改革是中国最大的红利，内需是最大的潜力，城镇化是最大的内需"著名论断。总理告诉大家，继续深化改革，挖掘内需是经济社会持续发展的有效途径。由于环境、资源的制约，今后我国的发展必须走"集约、智能、绿色、低碳的新型城镇化道路"。"三农"问题产生的实质是国家宏观政策的不公平导致经济发展上的不均衡所致。因此，今后国家就必须走大中小城市、小城镇、新型农村社区协调发展、互促共进的道路，以实现城乡基础设施一体化和公共服务均等化，进而促进经济社会发展、实现共同富裕。在中央政策指挥棒的指挥下，全国各地政府都加快了破除城乡二元体制、推进城乡发展一体化的改革探索，为我们加快推进城乡发展一体化工作指明了前进的方向。

9.2.1 城乡一体化发展的有利条件

城乡一体化发展的有利条件主要有主客观两个方面，主观方面是指国家的宏观制度环境。近年来，国家在宏观发展战略及指导指导思想方面发生了重大变化，改革开放的前期阶段，我们主要解决的问题是经济短缺。目前要解决的问题则是产能过剩，具体是指如何撬动农村农民的需求来化解城市工业的产能。很显然，目前我国在通过贯彻落实科学发展观、进行城乡一体化发展来解决长期积存下来的社会事业发展滞后、城乡收入差距扩大、城乡发展不平衡等一系列问题。推动城乡一体化发展的制度主要有：2004、2005、2006 连续三年的"中央一号文件"都明确提出"多予、少取、放活"的大政方针，并且于 2005 年全面取消了农业税，2006 年增加了"加快建立以工促农、以城带乡的长效机制"的提法。2007 年的"一号文件"在支农政策上演变为"工业反哺农业、城市支持农村和多予少取放活的方针"。2008 年强调加强农业基础建设，首次提出探索城乡一体化体制机制；2009 年以促进农业稳定发展农民持续增收为主题，农业补贴大幅度增加，对农民工、农村民生、农村土地流转进行专门安排；2010 年要求加大统筹城乡力度，进一步夯实农业农村发展基础，三农政策全方位加强；2011 年首次就水利这个农业发展命脉提出了加强的相关政策与举措；2012 年国家支农政策在往年的基础上又加大力度，具体支农政策达 32 项。2013 年的"中央一号文件"提出"保供增收惠民生、改革创新添活力"的工作目标。在全面开展农村土地确权登记颁证工作的基础上，鼓励和支持承包土地向专业大户、家庭农场、农民合作社流转。2014 年中央继续深化农村改革，支持粮食生产，促进农民增收，保护农民经济利益。近年来中央在发展战略和支农政策上的重大调整为城乡一体化发展创造了有利的制度环境。客观方面主要是指我国目前较为强大的物质经济基础。自改革开放以来，我国经济飞速发展，国家综合国力逐步增强，公共财力及社会保障能力大幅提高，国家初步具备了解决城乡二元体制的经济实力。1978 年至 2007 年期间，我国 GDP 年均增长 9.88%，国内生产总值跃居第四位，人均 GDP 从 230 美金到 2461 美金，财政收入从 1132 亿元增长到 5.13 万亿元，2008 年达 6.13 万亿元，2008 年外汇储备达到 19460 亿美元，居世界第一位。随着改革的深入，2010 年我国 GDP 达到 5.879 万亿美元超过日本成为世界第二位。根据国家统计局发布的数据显示，2015 我国 GDP 总量不断增加的同时结构也在不断优化，GDP 总量 67.67 万亿元，如果以 2015 年 12 月 31 日人民币兑美元中间价计算，中国 GDP 总量相当于 10.42 万亿美元，同比增长 6.9%，其结构如下图。现阶段我国巨大的经济实力为中央政府在全国推行城乡一体化发展提供坚实的物质基础。

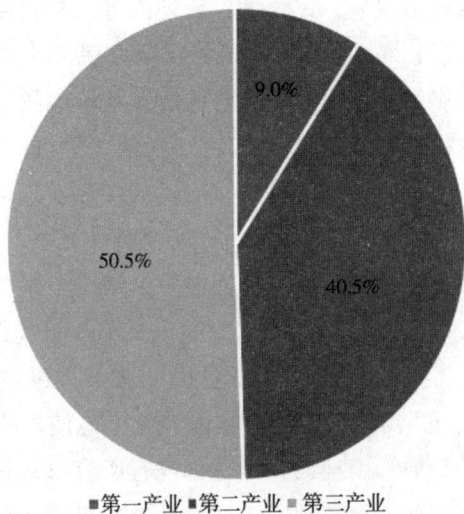

9.0%

40.5%

50.5%

■第一产业 ■第二产业 ■第三产业

2015 年中国 GDP 构成（数据来源：2016 年 01 月 19 日每日经济新闻）

9.2.2 城乡一体化发展的典型案例

在国家城乡一体化政策的大背景下，全国各地掀起了城乡一体化发展的热潮。在城乡一体化发展过程中，有四种模式引起大家的关注。（1）成都模式。该模式以区域的优化布局为改革重点，具体路径通过"三个集中"和"六个一体化"来实现区域内各种不同生产要素的合理流动和集聚，以此达到城乡资源的优化配置。"三个集中"是指工业向指定园区集中，农民向新型城镇社区集中，土地经过合法合理流转向适度规模经营集中；"六个一体化"是指城乡规划、产业发展、市场体制、公共服务、基础设施、管理体制一体化。在 2013 年，成都工业（全国副省级城市）在增速方面排名第二，工业总量超越了东部的南京而排名第三。在工业园区集中方面成都拥有 21 个工业集中发展区和 13 个市级产业战略功能区，这两地的工业产值占成都全市比重的 81.4%，建成农民集中的新型社区达 1591 个，城镇化率达到68%；土地流转后的农业适度规模经营的面积已达20.3万公顷，占当地耕地总数的61.0%，农业产业化经营带动农户的数量已占80%。（2）重庆模式。大家知道，户籍制度是二元结构的标志之一，严格的户籍制度把国民分为城里人和农村人，不同的户籍享受不同的国家福利待遇。重庆模式首先向户籍制度"开刀"，该模式以破除城乡身份差异、推进农民向城镇落户作为改革的目标。基本内容是"三三五"户改新政："三年过渡""三项保留""五项纳入"。"三年过渡"是指当地农民依照政策转化为城镇市民后，三年的过渡期内可以拥有原有耕地的承包权和原宅基地的使用权及收益权；"三项保留"是指保留农民原来农村林地的使用权和享受计划生育扶助政策，农民如果没有完全自愿放弃承包地的经营权依然享受国家给予农民的种粮直补、农机补贴等优惠政策。"五项纳入"是指农村居民转户后，不论其是否放弃农村承包地都应该享受到城镇居民的住房、教育、就业、社保和医疗福利待遇。"三三五"户改新政依据重庆的实际条件按照宽严有度、分级承接原则，适度放宽主城区、进一步放开区县城、全面放开乡镇落户条件，形成主城区、郊区县城、小城镇的合理人口区域布局。（3）嘉兴模式和苏州模式。嘉兴模式通过"两分两换"推进城镇化，苏州模式通过"三置换"政策推进城镇化，无论是"两分两换"还是"三置换"，其实质都是盘活农民拥有土地使用权。在二元结构的体制下，农民的承包地、宅基地、山地及林地等都没有所有权，只有使用权，这就大大制约了农民土地权益的实现。许多地方尝试以推进农村的产权制度为突破口，盘活农村商品、土地承包权及劳动力等，从而释放了农村生产要素的活力。嘉兴的"两分两换"是指首先将宅基地和承包地分开，搬迁地与土地流转分开，以承包地换股、换租、换保障，推进集约经营，转换生产方式；以宅基地换钱、换房、换地方，推进集中居住，转换生活方式。嘉兴模式的城镇化取得了显著的效果，农民财产性收入通过土地集约使用后切实增加。2013年浙江嘉兴的当地农民人均纯收入20556元，城乡收入比1.9∶1，低于全国3.03∶1。苏州模式的"三置换"是指农户用自己的承包地置换土地股份合作社股份、用自己的宅基地置换城镇社区的商品房、用农村集体资产置换城镇的股份，从而使城乡土地资源实现优化配置。"三置换"结束后，整个苏州全市92%的农村工业企业集中于工业园区，91%的农村承包地实现规模经营，52.2%农民进入城镇社区居住，总数140万农民实现了居住社区化及身份城镇居民化。（4）山东德州的产城融合模式。产城融合模式最大的特点是进行"两区同建"。大家知道，城乡差距大的根本原因是产业发展的差距，"两区同建"就是打破城乡之间的产业发展的不不均衡，使新型农村社区和工业产业园区同步同时建设，以此推动现代农业的发展及农民集中居住的目的，从而促使农民生产方式和生活方式的转变。2008 年开始山东德州就开始对农民的居住区及工业产业园区进行同时规划、同步建设，以此作为加快城乡一体化的切入口。当地市委市政府明确提出每个县市区重点培育 1～2 个具有一定规模富有当地特色的现代农业示范园区，每个乡镇至少建设 1 个产业园区。截至 2013 年"两区同建"稳步实施，硕果累累，德州市新建续建规模以上农村社区 314 个，建设 66.67 公顷规模以上农业产业园区 373 个，被国家农发行列为支持农村新型城镇化建设试验区，土地节约集约利用改革试验列入省部重点支持地区。

9.2.3　城乡一体化发展的经验启示

城乡一体化发展是我国经济发展的大趋势，也是全面建成小康社会的战略举措，更是最终解决我国农民经济利益问题的根本途径。但是如何进行城乡一体化发展，各地应该依据自己的实际情况因地制宜、因人制宜地有效推进。虽然各地城乡一体化发展的方法不同、策略各异，但是就目前全国城乡一体化发展的几个典型地区来说，还是有共同经验可以借鉴的。第一，立足于国家宏观政策原则的许可范围，更新观念，解放思想。从城乡一体化发展的典型案例来看，试点地区的干部群众思维超前，思想解放。他们善于从国际国内的大层面来谋划工作，目标具体，定位准确。当地的干部群众认为，只要政策允许或者现行法律、法规没有命令禁止，又符合当地实际的具体情况，都应该大胆地干、大胆地试。嘉兴模式的"两分两换"方法，在实施初期也曾面临着很大的政策风险和社会压力，甚至饱受争议，但嘉兴人没有犹豫徘徊，更没有缩手缩脚，而是顶住各种压力，勇于探索，不断实践，终于找到了破解当地城乡一体化发展瓶颈的好办法，给其他地方的城乡一体化发展也提供了宝贵经验。第二，必须有切合当地实际的规划设计和踏石留印、抓铁有痕的执行力。从城乡一体化发展的成功试点区来看，经过充分调研和科学论证的规划设计是城乡发展一体化的前提。试点地区的成效好，就是因为规划涉及的接地气、质量高。规划设计是一个系统化的工程，它不仅涉及城乡空间布局和土地利用规划，还涉及基础设施和公共服务等专项规划，完全实现了城乡产业、资源之间的相互衔接、相互支撑及紧密配套，最终使城乡融为一体，既体现了规划设计的科学性、超前性，又要突出规划设计的系统性、整体性。从这个意义上来说，他们的探索实践告诉我们，当地政府的顶层设计与规划就是当地乡一体化发展的纲领和旗帜，规划的水准决定发展建设的水准。当然整个规划的落实也需要基层政府不折不扣的执行力。第三，始终发挥政府的主导作用。农业的弱质性及农村的落后致使农村无法吸引社会资本前往，加之市场机制的不完善等等。这就决定了在城乡一体化的过程中必须发挥政府的主导作用，用政府力量去推动城乡一体化的深入发展。试点地方都把城乡发展一体化作为政府总揽经济社会发展全局的战略决策，在具体的领导体系、运作机制、财政投入、政策保障、具体落实、考核评价等方面，动实的，碰硬的，来真的，实现了在破解"三农"难题工作中的蓝图变现实的华丽转身。试点地区的成功经验告诉我们，只有把政府的主导力量发挥好，城乡发展一体化才能起好步、开好局，积极稳妥地推进实施。第四，始终坚持试点先行、梯次推进的策略。城乡发展一体化是一项艰巨、长期、复杂的工程，在推进城乡发展一体化时，坚决不能贪大求全、盲目冒进，而是必须采取先易后难、由表及里、以点带面逐步深化的策略。坚持从试点抓起，点上突破，有序推进。也只有树立标杆才能让群众看到实实在在的利益，才能坚定群众参与城乡发展一体化的决心，才能提高群众的积极性和创造性。第五，始终把深化改革，完善机制作为保障。对我国来讲，城乡发展一体化是一场巨大的社会变革，其影响不亚于当年农村土地承包经营权的施行。试点地区始终把深化改革作为抓手，对于成功、成熟的经验立即以制度形式确定以来作为继续深化改革的保障，嘉兴统筹城乡发展的探索实践就是一部生动的城乡发展一体化的改革制度史，10年来出台的各种政策性配套文件就达380多份，涉及经济建设、社会发展、生态文明、管理创新、责任考核等方面，真正做到了用改革探路，用政策支撑，用机制保障。

9.3　城乡发展一体化的基本思路与政策建议

9.3.1　城乡发展一体化的基本原则

1. 坚持以人为本

城乡发展一体化的实质是为了解决"三农"难题，最终目的是满足农民的经济利益。因此，城乡发展一体化必须坚持以人为本的原则，具体是指以实现农民经济利益为原则。为了农民、依靠农民、富裕农民和发展农民是推进城乡发展一体化的根本目的。城乡发展一体化要始终坚持以人为本，把群众的经济利益放在第一位，尊重人民群众的主体地位，尽最大可能满足人民群众的各种合理需求，不断提升人民群众的综合素质，使人民群众在城乡发展一体化的过程中得到更多更实在的利益，实现城乡居民发展机遇和拥有权利的一体化。一定要纠正过去那种"要农村地，不要农村人"的错误做法，使"城市，让生活更美好"的理念转变为城乡居民都能感受到的现实，使我国目前的城市化回到以人为本的正确发展轨道。

2. 尊重群众意愿

推进城乡发展一体化，人民群众的真心拥护、坚定支持和积极参与是这一事业成功的基本保证。因此，在推进城乡一体化的过程中，必须尊重群众的利益，尊重群众的权利，尊重群众的意愿和选择。尊重群众意愿，不是时髦的口号，必须作为一种行动、一种实践。尊重群众意愿，还意味着衡量城乡发展一体化一切政策措施是对还是错，标准就是看群众高兴不高兴，受益没受益。不仅仅是指眼前利益，还包括长远利益，潜在利益。

3. 尊重城镇化规律

积极稳妥推进城镇化是城乡发展一体化题中应有之义。城镇化是经济社会发展规律的必然。习近平总书记指出："在推进城镇化的过程中，要尊重经济社会发展规律，过快过慢都不行，重要的是质量。"具体讲，尊重城镇化规律，就是要在城乡一体化建设中，大力发展二、三产业，为城镇化提供产业支撑；就是要做好城镇建设和发展规划，尤其是要做好土地利用规划，完善公共服务功能。要为人造城，而不是人为造城，防止"三城"：大而无人居住的"鬼城"，大而无产业支撑的"空城"，大而消费推动的"死城"。

4. 尊重历史多样性

不同的经济基础，不同的发展阶段，不同的文化传统及不同的资源禀赋肯定会导致不同城乡一体化发展的实现路径，而不同的城乡发展路径又决定了城乡一体化发展过程的多样性和实现过程的历史性。过去的存在有其合理性，越自然的事物生命力越是强盛。城乡发展一体化本应是一个历史文明和文化生命体的新陈代谢，而不是推倒所有而重新再来。我们只有依托当地的人文自然优势，发展具有各地独特地域文化的新型城镇才是城镇化的正道，因此城乡一体化发展的结果应该是增强了该地的独具特色的核心竞争力，而不是形成千篇一律、千城一面的结果。尊重历史多样性还要求我们在进行城镇一体化发展时要尊重自然、顺应自然，遵循有山依山建、有水顺水造的原则进行规划，让现代城市融入传统大自然，让居民能看见山、能亲近水、还能记得住以往的乡愁。切勿再犯以往在城市建设中大量珍贵的物质文化遗产被毁掉，然后又耗费大量资源建设了许多假历史文化遗物的深刻教训。在各地的城镇化建设中，严禁盲目地大拆大建及强迫农民上高楼，要为城镇化发展中付出牺牲的当地农民提供多种建房选择，保持乡村特色和农耕风貌，尊重和保护具有历史文化景观价值的传统建筑。

9.3.2 城乡发展一体化必须处理五个关系

1. 设施建设与制度改革的关系

硬件设施建设与制度改革是城镇化建设的两个方面，是推进城乡发展一体化的一体两面。在推进城乡发展一体化过程中，推进大中城市、县城、小城镇和新型农村社区建设是必不可少的，硬件设施建设是推进城乡一体化的必要途径与必须手段，是实现城市与农村资源要素优化集聚集约的载体。但是在涉及农民身份和财产的转换问题上，例如如何推进农民市民化，就必须依赖制度的改革了，也只有继续不断深化改革，才能深度触动和破解"三农"难题，实现社会转型。

2. 整体推进与重点突破的关系

在城乡发展一体化方面还必须处理好战略上的整体推进及技术层面的重点突破，从而实现按面布点、抓点带面的城乡发展思路。这是推进城乡发展一体化的基本方法。在推进城乡发展一体化进程中，既要总揽全局、统筹规划、协调推进，又要注重抓紧抓好那些最紧要、最关键的领域和环节，集中精力和资源重点突破，试点试验，以点带面，示范带动。没有"点"上的经验教训，"面"上工作很难铺开。当前，最要紧的是结合本地实际，在具有代表性、示范性和带动性的地方开展试点，积累好成熟的经验后，再点面结合，广泛推进，最终实现城乡共融、和谐发展。

3. 政府主导与群众主演的关系

如果将城乡发展一体化项目作为一个影视作品来看，那么，政府与群众的关系就是导演与演员的关系，他们的作用不同，责任也就不同，是推进城乡发展一体化的两个不同的责任主体。政府是城乡发展一体化的策划设计者与制度供给者，在推进城乡一体发展过程中，政府要充分发挥引导作用，通过政策引路、制度供给来推动城乡发展一体化。群众是城乡发展一体化的实践主体。群众实践主体地位首先体现在政府在推动城乡发展时要尊重群众的需求，顺应群众的意愿，赋予群众对建设规划、实施、监测、评估全过程的监督权和决策权。其次，必须体现群众的参与权，要充分发挥他们的积极性、主动性和创造性，让他们根据自己的意愿建设美好家园。

4. 处理好城镇化中的"两个极点"关系

在城乡一体化发展的过程中，不同地区、不同部门、不同领域的发展条件、发展水平乃至发展的基础条件都有明显的差异，因此，在推进城乡一体化发展的实践中绝对不能出现"一鞭赶"和"一刀切"的局面，当地政府应该依据当地的具体条件，因人因地因事制宜，分区域、分领域、分类别有序推进。在经济发展水平较高、人财物各种条件具备的地区，政府要鼓励这些地方大胆尝试，率先发展。在经济落后地区，政府首先要加大政策和资金的扶持力度做好扶贫开发工作，尽力缩小贫困地区和发达地区的差距。扶贫开发、缩小差距是垫路之基，大胆尝试、先行先试是开路之举，因此，从某种意义上来说，扶贫开发和先行试点是城乡一体化发展过程中的两个极点问题。需要注意的是目前的扶贫开发不能仅仅停留在发展农村经济，富裕农村居民的老路子上去，而是要把目标定在当地城乡发展一体化的大格局上。引导农民在致富的过程中向县城、重点镇、中心村集中居住，最终实现城乡公共服务的均等化，完全改变贫困群众的生产、生活状态。

5. 城镇化与新农村建设的关系

在城乡一体化发展的过程中还需要特别注意的就是推进城镇化和新农村建设的关系，城镇化建设和新农村建设是推进城乡发展一体化的两个主要抓手，犹如车的两个轮子，缺一不可，必须协调同步推进。农村人口基数大是我国的现实国情，即使我国未来的城镇化率达到65%，仍然有5亿多人口生活在农村，所以，在全面推进城镇化的过程中必须坚持与新农村建设两条腿走路。城镇化建设与新农村建设并不是互相对立和排斥的，而是相辅相成、互相促进的。一方面，城镇化建设需要从农村吸收大量劳动力进入到二、三产业，另一方面，新农村建设中土地规模化的集约经营又必须把农村剩余劳动力转移到二、三产业中去。因此，大力推进新农村建设为城镇化的发展提供了强大的动力之源，而城镇化的全力推进反过来又为新农村建设提供更加有力的支撑。

9.3.3　城乡一体化发展的政策建议

1. 彻底改革户籍管理制度

近几年来，各地的户籍管理制度在中央全面深化改革方针的指导下不同程度地进行着，但是从目前改革的结果来看，依然不尽人意，距离城乡发展的一体化建设还有很大的差距。户籍改革就是要改变过去那种用户口定终身、只有人员迁徙没有户口转移的户籍制度，最终建立起人口可以在城乡自由流动、户口可以自由迁徙以身份证管理为中心的新的户籍管理制度。从社会福利和生活保障视角来看，深化户籍制度改革的实质不在于户口能否自由迁移流动，而在于社会保障及福利待遇的均等化，彻底扭转因为户口差异而造成的公共服务的巨大差距。具体改革路径是通过给予农民工准市民待遇最后过渡到市民待遇的过程，最终形成城乡统一的户口登记制度，彻底剥离不同户籍下的社会福利功能，并在此过程中形成城乡统一的劳动力市场。

2. 深化农村土地产权制度改革强化农民市场地位

在城乡一体化发展的过程中，城乡之间的资源要有效对接，优势互补。如果农民个人及农村集体的资源产权不清、归属不明，农民拿什么去对接，不仅无法对接，而且还有可能再次出现侵犯农民经济利益的现象。所以，目前必须按照"权属合法、界址清楚、面积准确"的原则，加紧开展农村承包地、林地、住房、宅基地的确权、登记、发证等工作，给予村集体和农户完整权能，使其成为真正的市场主体，并逐步搭建起县乡产权流转交易平台，实现农村产权资本化。在稳定农村土地承包制度的基础上，按照依法、自愿、有偿的原则，鼓励农民以转包、出租、互换、转让、股份合作等形式流转土地承包经营权，发展多种形式的适度规模经营，推动土地经营向集约化发展。

3. 创新投融资体制加大国家财政支持

城乡发展一体化的最终目的是实现农民经济利益并最终消除农民的相对贫困，让改革开放的成果普及所有的国民。那么，要完成这一巨大的历史任务，就必须依赖国家财政的大力支持，没有国家财力的大力支持，仅依赖地方政府财力是很难完成这一任务的。今后必须加大力度制定公共财政向"三农"倾斜的投入办法，力争做到"三个主要投资"，即：国家财政新增教育、卫生、文化等公益性事业经费主要投资于农村，国家基本建设资金增量主要投资于农村，政府征用土地出让收益主要投资于农村。在此基础上深化农村金融体制改革，加快培育村镇银行、贷款公司、农村资金互助社等农村新型金融机构，按照尊重物权原则，允许农民以房屋、果园、林木、土地经营权进行抵押，探索推行政策性农业保险制度，从而发挥金融对农村经济发展的支持作用。

4. 创新行政管理体制打破城乡分治模式

城乡发展一体化必然要求城乡管理一体化化，没有城乡管理的一体化，不仅城乡发展一体化难以推进，而且现有的一体化建设成果也难以巩固。因此，我们必须打破原有的城乡分治模式而按照城乡发展一体化要求来创新行政管理体制，优化调整政府部门职能，打造为城乡一体化建设服务的政府，彻底改变过去二元结构背景下的城乡各管一段的交叉重叠体制，走出一条城乡统管、精干高效的行政管理路子。

结束语

　　时至今日，以农民经济利益问题为核心的"三农"问题已不再单纯是一个涉及农业和农村经济、农民收入的局部性问题，而是关系我国经济和社会发展的全局性问题。从另外一个角度来看，"三农"问题的凸显，并不全是制度设计的有失偏颇造成的，而是有其合规律性的一面，制度设计只是增加了"三农"问题的严重性。

　　马克思主义认为，一般情况下，随着人类社会的不断发展，城乡关系必然要经过三个阶段性的变化。第一阶段，城乡一体；第二阶段，城乡分离；第三阶段，城乡再次融为一体。这种融合、分离、再融合的城乡发展状态，从根本意义上讲是生产力发展的必然结果，也是城乡关系发展的基本规律。在原始社会至奴隶社会初期，由于生产力水平极为低下，农业与工业没有明显的分工导致城乡关系处于自然的一体化状态。随着商品经济的出现以及后来的发展，由于工农业的生产效益和效率不同致使二者朝着各自不同的方向发展并导致城乡开始分离。更高的劳动生产率使城市能够创造出大量的社会财富，城乡之间的差别变成差距，甚至开始出现对立。因此，中国目前由于城乡差别导致的"三农问题"并不是对历史的否定，而是由于中国改革开放以来社会生产力的急速发展促使社会分工的必然结果，因此，从某种意义上讲，"三农问题"的出现是一种社会的进步。但当中国经济社会继续发展，导致城乡的分离、差异甚至对立开始出现，这样又会产生不利于整个社会经济发展的因素，城乡两大经济社会结构的发展出现了不均衡的局面。这时破解"三农"难题，推进"三农"工作就成为中国进一步发展的首要任务。具体途径是要求城乡双方互相吸收对方的先进的积极因素，消除阻碍社会生产力进一步发展的障碍与壁垒，使城乡在社会经济高速发展的基础上重新融合，从而形成城乡一体化发展的格局。因此，从哲学意义上讲，中国的"三农"问题并不是问题，而是由于生产力的发展而出现的阶段性现象，随着经济社会的进一步发展以及我国制度设计进一步完善，"三农"问题会慢慢地消解。

　　在中国 1.5 亿进城务工的农民中，1980 年以后出生的年轻农民大约有 1 亿人，约占总数的 60%。2010 年的"中央一号文件"首次在官方文件中将他们作为一个新的社会群体——"新生代农民工"给予高度关注。当然他们中的很多人从内心深处抗拒这个称呼，他们当中有人称自己为"新产业工人"或者"新市民"，也有人在竭力推广"新工人"这个称号以取代农民工的群体标签，甚至少数认为自己是"白领"。不管怎样，新生代农民工已经表现出他们这个群体的特征：受教育程度高；职业期望值高；物质和精神享受要求高；但工作耐受力低。这些特征足以证明他们与上一代农民工形象比已经截然不同了。或许，从他们想成为的社会角色看，与其说他们是"农民工 2.0"，不如说他们是"新市民 1.0"。今天，中国的城乡将要在新时代背景下重新融合，从而形成有中国特色的城乡一体化发展格局。无论如何，新生农民工已经成为中国深化改革、城乡重新融合的决定性力量。他们的离去，使农村劳动力日渐短缺，为新农村建设提出了许多新课题，但客观上减轻了农村发展的负担。他们的到来，使城市获得了大量的年轻劳动力，也深度考验着城市的管理和服务能力。他们的去留，决定着中国城乡的融合与分裂，如若我们善待这一群体逐步使他们融进城市，中国城乡的面貌将会发生根本性的变化。

在推进新生代农民工就业、消解"三农"问题的过程中，首先，必须大力发展社会生产力，不能因为消解"三农"问题而放慢发展生产力的速度，也不能因为加快发展生产力而使"三农"问题更加突出，而要统筹兼顾、科学发展。社会生产力向纵深发展，就会引起两种变化，一是农业的产值在增加的同时，总量在国民经济中的比重大幅减少。农业公共产品的性质会愈发明显，作为一个产业的产业属性会不断地消退，政府会加大对农业的限制、支持、补贴、保护，使农业收益由市场提供逐渐转变为大部分收益依赖于政府补贴。二是由于二、三产业的发展，农业中的大量的剩余劳动力会转移到工业和服务业中去，少量具有农业科学技术的职业农民开始出现，土地集约经营，规模效益增加，"三农"问题迎刃而解。

其次，改革现行体制，努力消除制约城乡发展的二元结构。现阶段的支农惠农措施对逐步消解"三农"问题、减轻城市与乡村的差距，具有缓解性的实质意义。需要明确的是造成我国"三农"问题的根源是制度，即城乡分割的二元体制。因此，支农惠农措施只能缓解一时，而不能从根本上解决问题。只有通过宏观体制的创新和改革，彻底废除阻碍城乡持续发展的二元体制，才是治本之策；也只有这样，才能够从根本意义上理顺城乡社会关系，解决目前我国由于二元体制的存在而引发的种种问题。

再次，依据我国目前的经济实力，着力构建现代社会的公共服务制度，使政府提供的公共服务让乡村的农民和城市的居民都能够大体平等地占有或者享有。因此，政府就必须加大对农村社会公共服务的财政资金投入，主要包括公共交通、消防、教育文化设施、绿化等方面，使公共财政的阳光照亮农民的生产与生活。

最后，在社会保障问题上，国家应加快构建城乡统一新型社会保障体系的步伐。旧的社会保障体系由于国家政策的安排刚刚破题，新的社会保障体系尚未形成，面对坚硬的制度壁垒和文化之墙，新生代农民的梦想与期望正在形成强大的冲击力，倒逼着中国改革和城市化进程不断的填补空白，涉向深水。我们在处理近几亿人的问题时必须慎之又慎，一定要用平等和理性的眼光，去把握并满足他们的渴望和需要。因此，新的社会保障体系一定要着眼于包括农民在内的全体公民社会保障权利，统筹兼顾，让全体公民公平地享有政府提供的社会保障。